BCT 标准教程

主编：张 洁 / Lead Editor: Zhang Jie

①

BCT
STANDARD
COURSE

人民教育出版社
·北京·

图书在版编目（CIP）数据

BCT 标准教程 . 第 1 册 / 张洁主编 . —北京：人民
教育出版社，2015.11
ISBN 978-7-107-29685-7

Ⅰ.①B… Ⅱ.①张 … Ⅲ.①商务－汉语－对外汉语
教学－水平考试－教材 Ⅳ.①H195.4

中国版本图书馆CIP数据核字 (2015) 第265031号

人民教育出版社 出版发行

网址：http://www.pep.com.cn

北京盛通印刷股份有限公司印装　全国新华书店经销
2015 年11 月第1版　2015年11月第1次印刷
开本：787毫米×1 092毫米　1/16　印张：11 字数：220千字
定价：40.00元

（联系地址：北京市海淀区中关村南大街17号院1号楼　邮编：100081）
Printed in the People's Republic of China

总 策 划：许　琳　　殷忠民　　韦志榕

总 监 制：胡志平　　郑旺全

监　　制：段　莉　　李佩泽　　张慧君

　　　　　王世友　　狄国伟

主　　编：张　洁

编　　者：罗青松　　李亚男　　王淑红

　　　　　王亚男　　王之岭　　袁　柯

责任编辑：狄国伟

审　　稿：赵晓非

　　　　　Sarah Miller [美国]　　Miriam Ruth Fisher [美国]

美术编辑：张　蓓

版式设计：奇文云海·设计顾问

移动终端课程技术支持：北京汉通鼎盛科技有限公司

前言

　　商务汉语考试（BCT）重点考查汉语非第一语言考生在真实商务情境或一般工作情境中运用汉语进行交际的能力，并对其能够完成的语言任务进行评价。考试遵循"以用为本、听说导向、能力为重、定位职场"的原则，自2013年推出后，得到广大商务汉语教学者和学习者的关注与认可。为满足移动互联时代人们在"任何地方"于"任何时间"学习的需求，我们结合商务汉语学习者的学习特点和多年的商务汉语教学经验以及语言测试研究心得，以《商务汉语能力标准》为纲，研发了这套商务汉语系列教材——《BCT标准教程》，希望能在语言教学中真正实现"考教结合""以考促教""以考促学"。

一、编写理念

　　教程主要面向工作生活节奏快、完整时间少、零散时间多、难以进入正式课堂学习但有强烈工作和职业需求的商务汉语学习者，以及所有希望学习汉语、了解中国的国际朋友。

1. 以学习者为中心，强调"听说领先，读写跟进"的理念。

　　教程的主要目的是提高学习者的商务汉语听说交际能力，并在提高听说交际能力的同时，逐步提高读写能力。

2. 融入交际法、主题式教学法和任务型教学的核心理念。

　　在编写时，强调语言表达的得体性和语境的作用，强调语言的真实性及在任务完成的过程中学习语言，强调内容的丰富性和多样性，以促使学习者在不同情境下运用语言完成一系列任务，提高汉语交际能力。

3. 贯彻形成性评价与终结性评价相结合的理念。

　　本系列教程为学习者提供了贯穿始终的形成性评价，并在课程结束时提供了终结性评价，更好地推动了"考教结合""以考促教""以考促学"。

二、教材特色

1. 以《商务汉语能力标准》为纲，循序渐进。

在遵循汉语国际教育理念的基础上，教程既考虑了课堂教学的需要，又符合学习者自学的需求。海内外教学机构、学习者可以根据自身的实际情况以及学时来调整每册书完成的时间。

《商务汉语能力标准》共分为五个等级。教程在充分解读标准的基础上，以《BCT（A）词汇表》和《BCT（B）词汇表》的词汇要求为前提，系统设计了各等级的范围。

教材分册	教学目标	词汇量（词）
教程 1	商务汉语能力标准一级	200
教程 2	商务汉语能力标准二级	400
教程 3	商务汉语能力标准三级	600
教程 4	商务汉语能力标准四级	1500
教程 5	商务汉语能力标准五级	3000

2. 学习形式碎片化、内容系统化。

商务汉语的学习者更多地是在工作、生活的间隙完成学习的。在内容安排上，每一课中的每一模块内容的学习时间不超过5分钟，既保证了学习内容的碎片化，又保证了学习内容的系统化，还充分考虑了循序渐进的难度要求。

3. 配有相应的课程测试。

学习者可以参加相应的课程考试。完成课程学习并通过商务汉语课程考试者，可获得由国家汉办颁发的商务汉语课程学习证明。一般来说，按要求学完本教程第一、二、三级，可通过BCT（A）考试，学完本教程第四、五级，可通过BCT（B）考试。

4. 同步推出移动终端数字学习版本。

学习者可通过手机等移动终端自行下载，同步进行学习和评估，完成对学习的管理与跟踪。目前已实现智能语音打分和游戏化语言闯关等项功能。

最后，编写组特别感谢孔子学院总部/国家汉办、汉考国际（CTI）和人民教育出版社的大力支持与参与，感谢国家汉办考试处、汉考国际全体研发人员和人民教育出版社有关领导与编辑人员所付出的辛劳和智慧。欢迎使用本教程的师生及时反馈意见和建议，以便我们再版时进一步完善。让我们为研发真正有用好用的商务汉语学习资源而共同努力！

编写组

2015年1月

Preface

Business Chinese Test (BCT) is designed to assess the Chinese communication competence of non-native speakers in business situations and the language tasks they can accomplish doing business. BCT follows user-oriented, listening and speaking oriented, capability-oriented and occupation-oriented principles. Since BCT launched in 2013 it has obtained more and more attention and recognition from teachers and learners of business Chinese. In order to fulfill the learning needs in the mobile internet era when everyone can receive many different kinds of education anytime and anywhere, this series of business Chinese course books *BCT standard Course* has been developed. Based on *Business Chinese Proficiency Standards*, with rich teaching experience, full considerations of learners, and testing and teaching research experience, these books are expected to combine teaching and promote learning by different types testing.

I Concept of the compilation

The target readers of this series are learners who have a busy schedule may find it difficult to receive formal education in the classroom, but who still have strong learning needs for career development, and international friends who hope to learn Chinese and explore China.

1. Stressing a student-centered concept, and putting listening and speaking first, with reading and writing to follow.

This series of books are originally designed to improve the learner's business Chinese listening and speaking skills and at the same time gradually improve their reading and writing ability.

2. Integrating the essential ideas of a communicative approach, theme-based teaching and task-based language teaching.

The compilation stresses appropriateness and authenticity of the language, richness and diversity of the content, and emphasizes the functions of the language context through tasks in order to simulate learners to use the language to accomplish the tasks and improve their communicative abilities.

3. Implementing the idea of combination of formative assessments and summative assessments.

This series of books provide formative assessment through the learning process and summative assessment at the end of each course which is aimed at promoting the combination of teaching and promote learning by testing.

II Features of this series

1. The books are based on *Business Chinese Competency Standards* and written for different levels.

Following the international Chinese education concept, this series of books are not only fit for teaching but also useful for self-learning. Teaching institutions at home and abroad as well as self-learners can adjust their learning time accordingly.

Business Chinese Competency Standards includes 5 levels. Based on BCT (A) Vocabulary Outline and BCT (B) Vocabulary Outline, the teaching objectives and vocabulary of this series of books are designed as follow:

Textbook Volume	Teaching Objectives	Vocabulary
Book 1	*Business Chinese Proficiency Standards* Level 1	200
Book 2	*Business Chinese Proficiency Standards* Level 2	400
Book 3	*Business Chinese Proficiency Standards* Level 3	600
Book 4	*Business Chinese Proficiency Standards* Level 4	1500
Book 5	*Business Chinese Proficiency Standards* Level 5	3000

2. The learning content is systematic and fragmented.

Learners of business Chinese usually study in a fragmented time. As to the content arrangement, learning time for every unit is less than 5 minutes, which guarantees fragmented and systematic learning to reach the requirement of gradual improvement.

3. Every volume is matched with a corresponding test.

Learners can take the course tests according to this series. The learners who finish the course and pass the tests can get a study certificate of Business Chinese Course awarded by Hanban. In general learners who study the book 1, 2 and 3 can pass BCT (A) and learners who study the book 4 and 5 can pass the new BCT (B).

4. The digital version of the textbooks is also offered.

Learners can download the App by mobile phone or other mobile device. It can be used as the tool for learning and assessment and it can also manage and track the learning process. At present, intelligent, real-time scoring algorithms and game-like challenges, intelligent voice assessing, and language games have been uploaded.

At the end of this preface, the editorial committee would like to acknowledge the Confucius Institute Headquarters (Hanban), the Chinese Test International (CTI) and the People's Education Press for their strong support. In the meantime, thanks to the hard work and wisdom of all the participants including the leaders, the editors, the developers of the Hanban, the CTI and the press. We are eager to receive feedback from teachers and learners, in order to further perfect and make this series of books a useful business Chinese learning resource.

Editorial team
January, 2015

本册说明

　　《BCT标准教程》（第1册）适合汉语零基础的商务人士及汉语学习者学习使用。

　　本册教程的编写遵循《商务汉语能力标准》及《BCT（A）大纲》，从中选定20个商务交际活动主题及200个词汇作为教学目标。全书共20课。每课围绕一个商务交际活动主题设计，包括对话、短文、词语和练习四个部分。建议每课2~3个课时。

一、对话

　　每课在一个商务交际活动主题下，展开五个不同情境中的对话，每段对话控制在1~4个话轮。每段对话多设置2~4个生词，对话内容的编写力求贴近真实商务交际语境，反复操练重点句型和生词，且生词在不同情境下进行复现。这样，既能帮助学习者熟悉汉语在真实商务交际中的使用情况，又能引导学习者适应情境转换，培养汉语商务交际能力。

二、短文

　　每课在对话后设置了一篇小短文，短文以商务情景中的讲话为主，对本课重点句型和生词进行复现，有助于学习者把握本课教学目标和重点，进一步强调生词和语言点。

三、词语

　　每课的词语以英文进行注释，简洁明了。

四、练习

　　教程弱化语法，学习者可以通过练习来加以掌握。练习的内容为本课新学的语言点和重点词语及句型，目的是对本课所学内容及时强化。练习形式主要有替换练习、完成对话、完成语言交际任务等，以口语练习为主，旨在鼓励学习者多说多练，将本课所学真正运用到商务活动交际中。

本册教程后附《BCT标准教程》测试（一级）试卷及相应的听力材料和参考答案。

本册教程后附《普通话声韵拼合表》，系统展示了汉语声母、韵母等语音基础知识，学习者可一览汉语基本语音面貌和拼音拼合规则，方便学习查阅。

General Introduction

BCT Standard Course 1 is a set of teaching materials for business professionals who are beginners of learning Chinese as a foreign language.

Based on *Business Chinese Proficiency Standards* and the BCT (A) Vocabulary Outline, twenty themes of business activities and 200 words are selected as the teaching goal. This book has twenty lessons and each lesson develops a business theme and includes dialogues (with new words), articles, vocabulary notes and exercises. It is recommended that each lesson be completed in two or three classes.

I Dialogues

Each lesson has five dialogues which are limited to 1~4 turn-talking with different and authentic business scenarios on a certain communication theme with 2~4 new words in each dialogue. The key sentences and words were repeated and the new words are displayed in different contexts over and over. In this way, not only does it help the learners be familiar with the way to use business Chinese, but also guide the learners to adapt to different situations and to improve the ability of their abilities.

II Passages

Each lesson has a passage about business speeches following five rounds of dialogues. The passages intensify the key sentence structures and words to help the learners master new words and language points.

III Words and phrases

The new words and phrases are annotated with clear and concise English explanations.

IV Exercises

This book elaborates the grammar points and learners can master the grammar through the subsequent exercises.The exercises are placed after the notes of the text to strengthen new knowledge the contents of which are the language points and important words and sentence structures of each lesson. The main forms of the exercises are substitute drills, which require to complete the dialogues and language communication tasks. In order to encourage the learners to speak and practice more and apply what they have learned in real business communication, this book gives priority to spoken exercises. Teachers can employ the exercises flexibly and focus on oral communication exercises.

The course test paper is attached to this textbook.

The Chinese phonetic table is attached to this textbook which shows the basic knowledge of Chinese: initial consonants, vowels. It can facilitate Chinese *pinyin* spelling and basic voice features and rules.

Content / 目录

1

nǐ hǎo

你好

[Hello]

Dialogues / 对话 25%

日晚上好!

1 Nǐ hǎo!
你 好!
[Hello!]

Nǐ hǎo!
你 好!
[Hello!]

> [pron.]
> 你 | you

> [a.]
> 好 | good; nice; well; fine

4 Wǎnshang hǎo!
晚上 好!
[Good evening!]

Wǎnshang hǎo!
晚上 好!
[Good evening!]

> [n.]
> 晚上 | evening

2 Zǎoshang hǎo!
早上 好!
[Good morning!]

Zǎoshang hǎo!
早上 好!
[Good morning!]

> [n.]
> 早上 | morning

5 Lǐ xiānsheng nín hǎo!
李 先生 , 您 好!
[Hello! Mr Li.]

Wáng xiǎojiě nín hǎo!
王 小姐 , 您 好!
[Hello! Miss Wang!]

> [n.]
> 先生 | Mr; sir; men (polite form)
> [pron.]
> 您 | a polite expression of 你
> [n.]
> 小姐 | Miss

3 Xiàwǔ hǎo!
下午 好!
[Good afternoon!]

> [n.]
> 下午 | afternoon

Xiàwǔ hǎo!
下午 好!
[Good afternoon!]

Passage / 短文 50%

Nǚshìmen, xiānshengmen,
女士们 , 先生们 ,
péngyoumen, wǎnshang hǎo!
朋友们 , 晚上 好!

	[n.]		[suffix.]
女士	Ms; madam; lady	们	used to form a plural number when add to a personal pronoun or a noun

	[n.]
朋友	friend

Ladies and gentlemen, friends, good evening!

Words and phrases / 词语 75%

 nǐ
你 / [pron.] you

hǎo
好 / [a.] good; nice; well; fine

zǎoshang
早上 / [n.] morning

xiàwǔ
下午 / [n.] afternoon

wǎnshang
晚上 / [n.] evening

xiānsheng
先生 / [n.] Mr; sir; men (polite form)

nín
您 / [pron.] a polite expression of 你

xiǎojiě
小姐 / [n.] Miss

nǚshì
女士 / [n.] Ms; madam; lady

péngyou
朋友 / [n.] friend

men
们 / [suffix.] used to form a plural number when add to a personal pronoun or a noun

Exercises / 练习 100%

1/ Substitution drills.

2/ Complete the following dialogue, using the following words and sentence patterns you have learned.

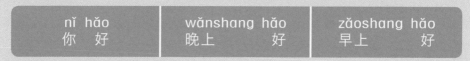

| nǐ hǎo 你 好 | wǎnshang hǎo 晚上 好 | zǎoshang hǎo 早上 好 |

Mr Wang and Miss Li are meeting for the first time. What should they say?

… , … !

… , … !

3/ Mr Wang is going to give a speech at a party this evening. How should he begin?

…

huānyíng
欢 迎
[Welcome]

Dialogues / 对话 25%

1
Nǐ hǎo! Huānyíng!
你 好！欢 迎！
[Hello! Welcome!]

Nǐ hǎo! Xièxie!
你 好！谢谢！
[Hello! Thanks!]

> [v.]
> 欢迎 | welcome

> [v.]
> 谢谢 | thank

2
Lǐ xiānsheng, nín hǎo!
李 先生， 您 好！
[Mr Li, hello!]

Wáng xiǎojiě, nín hǎo!
王 小姐， 您 好！
[Miss Wang, hello!]

Huānyíng! Qǐng jìn!
欢迎！ 请 进！
[Welcome, come in please!]

Xièxie!
谢谢 ！
[Thanks!]

> [v.] [v.]
> 请 | please 进 | enter

3
Wáng xiānsheng, nín hǎo!
王 先生 ，您 好！
[Mr Wang, hello!]

Lǐ xiǎojiě, nín hǎo!
李 小姐 ，您 好！
[Miss Li, hello!]

Qǐng zuò.
请 坐。
[Please have a seat.]

Xièxie nín!
谢谢 您！
[Thank you!]

坐 | sit [v.]

4

Huānyíng nín, Wáng xiānsheng!
欢迎 您， 王 先生 ！
[Welcome, Mr Wang!]

Nín hǎo, Lǐ xiǎojiě! Hěn gāoxìng rènshi nín.
您 好，李 小姐！ 很 高兴 认识 您。
[Hello, Miss Li! Nice to meet you.]

Qǐng jìn!
请 进！
[please Come in!]

Xièxie nín!
谢谢 您 ！
[Thank you!]

很 | very [adv.]

高兴 | happy; glad; cheerful; pleased [adj.]

认识 | get to know; get acquainted with [v.]

5

Huānyíng nín, Wáng xiānsheng!
欢迎 您， 王 先生 ！
[Welcome, Mr Wang!]

Nín hǎo, Lǐ nǚshì!
您 好，李 女士！
[Hello, Ms Li!]

Hěn gāoxìng rènshi nín, qǐng zuò!
很 高兴 认识 您， 请 坐！
[Nice to meet you. Please have a seat.]

Xièxie nín!
谢谢 您！
[Thank you!]

Passage / 短文 50%

Wáng xiānsheng， nín hǎo！ Hěn
王　　先生　，您 好！很
gāoxìng rènshi nín. Huānyíng nín lái wǒmen
高兴　认识 您。 欢迎　您 来 我们
gōngsī， qǐng jìn， qǐng zuò.
公司　，请 进，请 坐。

Mr Wang, hello! Nice to meet you. Welcome to our company.
Please come in! Please have a seat.

Words and phrases / 词语 75%

huānyíng 欢迎　/ [v.] welcome	xièxie 谢谢 / [v.] thank
qǐng 请 / [v.] please	jìn 进 / [v.] enter
zuò 坐 / [v.] sit	hěn 很 / [adv.] very
gāoxìng 高兴　/ [adj.] happy; glad; cheerful; pleased	rènshi 认识 / [v.] get to know; get acquainted with
lái 来 / [v.] come	wǒmen 我们　/ [pron.] we; us
gōngsī 公司 / [n.] company; firm	

Exercises / 练习 100%

1/ Substitution drills.

a /
Huānyíng nín!
欢迎 您！

xièxie
谢谢

hěn gāoxìng rènshi
很 高兴 认识

b /
Qǐng jìn!
请 进！

zuò
坐

2/ Complete the following dialogues, using the following words and sentence patterns you have learned.

huānyíng 欢迎	xièxie 谢谢	qǐng jìn 请 进	qǐng zuò 请 坐
hěn gāoxìng rènshi nín 很 高兴 认识 您		huānyíng nín lái wǒmen gōngsī 欢迎 您 来 我们 公司	

a / Mr Wang goes to visit Miss Li's office.

Nín hǎo!
您 好！

Nín hǎo!
您 好！ ... ！

... ！

Qǐng zuò.
请 坐。

... ！

b / Miss Li goes to Mr Wang's company for the first time.

Nín hǎo!
您 好！ ... ！

... 。

... 。

... 。

3/ How would you welcome guests visiting your company? Use the words and sentence patterns you have learned.

...

3

wǒ lái jièshào yíxià
我来介绍一下
[Let me make a few introductions]

Dialogues / 对话 25%

1

Nín hǎo, nín guìxìng?
您 好，您 贵姓 ？
[Hello, what is your surname?]

> [adj.]
> 贵 | *used to show respect when asking some personal questions, such as about name or age*

Wǒ xìng Lǐ, nín guìxìng?
我 姓李，您 贵姓 ？
[My surname is Li, and you?]

> [n.] [v.]
> 姓 | surname take...as surname

Wǒ xìng Wáng.
我 姓 王 。
[My surname is Wang.]

> [pron.]
> 我 | I; me

贵姓
gui xing = surneame.

2

Nín hǎo, nín guìxìng?
您 好，您 贵姓 ？
[Hello, what is your surname?]

> [v.]
> 叫 | be called; be named
> (*used when giving one's name*)

Wǒ xìng Lǐ, jiào Lǐ Xiǎomíng, nín guìxìng?
我 姓李，叫 李 小明 ，您 贵姓 ？
[My surname is Li and my full name is Li Xiaoming. What is your surname?]

Wǒ xìng Wáng, jiào Wáng Tiān, hěn gāoxìng rènshi nín.
我 姓 王 ，叫 王 天，很 高兴 认识 您。
[My surname is Wang and my full name is Wang Tian. Nice to meet you!]

Wǒ yě shì, hěn gāoxìng rènshi nín.
我 也 是，很 高兴 认识 您。
[Me too. Nice to meet you!]

> [adv.] [v.]
> 也 | also; too; 是 | am; is; are
> as well; either

3

Lǐ xiānsheng, nǐhǎo, wǒ shì Wáng Huān.
李 先生 ，你好，我是 王 欢 。
[Mr Li, hello, I'm Wang Huan.]

Wáng xiǎojiě, nǐhǎo,
王 小姐，你好，

[pron.] 这 | this
[n.] 名片 | business card

zhè shì wǒ de míngpiàn.
这 是 我 的 名片 。
[Miss Wang, hello, this is my business card.]

[part.] 的 | of (marker of attributive)

Xièxie, zhè shì wǒ de míngpiàn, hěn gāoxìng rènshi nǐ.
谢谢 ，这 是 我 的 名片 ，很 高兴 认识 你。
[Thanks! This is mine. Nice to meet you!]

Wǒ yě shì, hěn gāoxìng rènshi nín.
我 也是，很 高兴 认识 您。
[Me too. Nice to meet you!]

名片
míng piàn
=name card.

4

Huānyíng nǐ, Lǐ nǚshì.
欢 迎 你，李 女士。

[pron.] 这儿 | here
[n.] 经理 | manager

wǒ shì zhèr de jīnglǐ, wǒ xìng Wáng.
我 是 这儿 的 经理，我 姓 王 。
[Welcome, Ms Li. I'm the manager here and my surname is Wang.]

Wáng jīnglǐ, nǐhǎo, zhè shì wǒ de míngpiàn.
王 经理，你好， 这 是 我 的 名片 。
[Mr Wang, hello, this is my business card.]

Xièxie, zhè shì wǒ de míngpiàn, hěn gāoxìng rènshi nín.
谢谢 ，这 是 我 的 名片 ，很 高兴 认识 您。
[Thanks! This is mine. Nice to meet you!]

Wǒ yě shì, hěn gāoxìng rènshi nín.
我 也是，很 高兴 认识 您。
[Me too. Nice to meet you!]

先生
xiānsheng
= sir / mr

5

Lǐ jīnglǐ, nǐhǎo, wǒ shì Wáng Jìn.
李 经理，你好，我 是 王 进。
[Mr Li, hello, I'm Wang Jin.]

Nǐ hǎo, Wáng xiānsheng, huānyíng nǐ lái wǒmen gōngsī.
你 好， 王 先生 ，欢迎 你来 我们 公司。
[Hello, Mr Wang. Welcome to our company.]

公司 = company
gōngsī

Xièxie, zhè shì wǒ de míngpiàn.
谢谢 ， 这 是 我 的 名片 。
[Thanks! This is my business card.]

Zhè shì wǒ de míngpiàn, hěn gāoxìng rènshi nǐ!
这 是 我 的 名片 ， 很 高兴 认识 你 !
[This is mine. Nice to meet you!]

Wǒ yě shì, hěn gāoxìng rènshi nín.
我 也 是 ， 很 高兴 认识 您 。
[Me too. Nice to meet you!]

Passage / 短文 50%

Nǐmen hǎo, wǒ xìng Lǐ, jiào Lǐ Hǎo,
你们 好 ， 我 姓 李 ， 叫 李 好 ，
zài yínháng gōngzuò. Hěn gāoxìng rènshi
在 银行 工作 。 很 高兴 认识
nǐmen. Wǒ lái jièshào yíxià: Zhè wèi shì
你们 。 我 来 介绍 一下 ： 这 位 是
Lǐ nǚshì, shì wǒmen yínháng de jīnglǐ.
李 女士 ， 是 我们 银行 的 经理 。
Nà wèi shì Wáng xiānsheng, yě zài wǒmen
那 位 是 王 先生 ， 也 在 我们
yínháng gōngzuò.
银行 工作 。

	[prep.]	[v.]
在	at; in	be
	[n.]	[v.]
银行	bank	工作	work

[v.]	[nm.]
介绍	introduce	一下	once; in a short while

[mw.]
位	*used for people*

[pron.]
那	that

Hello, everyone. My surname is Li and my full name is Li Hao. I work in a bank. Nice to meet you! Let me make a few introductions. This is Ms Li, our bank manager. That is Mr Wang, also working in our bank.

Words and phrases / 词语 (75%)

eg. gui xing 贵姓

guì **贵** / [adj.] *used to show respect when asking some personal questions, such as about name or age*	**xìng** **姓** / [n.] surname [v.] take...as surname
wǒ **我** / [pron.] I; me	**jiào** **叫** / [v.] be called; be named *(used when giving one's name)*
yě **也** / [adv.] also; too; as well; either	**shì** **是** / [v.] am; is; are
zhè **这** / [pron.] this	**de** **的** / [part.] of *(marker of attributive)*
míngpiàn **名片** / [n.] business card	**zhèr** **这儿** / [pron.] here
jīnglǐ **经理** / [n.] manager	**zài** **在** / [prep.] at; in [v.] be
yínháng **银行** / [n.] bank	**gōngzuò** **工作** / [v.] work
jièshào **介绍** / [v.] introduce	**yíxià** **一下** / [nm.] once; in a short while
wèi **位** / [mw.] *used for people*	**nà** **那** / [pron.] that

Exercises / 练习 100%

1/ Substitution drills.

Wǒ xìng Lǐ,　jiào Lǐ Tiān.
a / 我 姓 李，叫 李 天 。

Wáng Huān	Lǐ Guì
王 欢	李贵

Wáng Tiān
王 天

Zhè shì wǒ de míngpiàn.
b / 这 是 我 的 名片 。

tā	Lǐ Tiān
他	李 天

jīnglǐ
经理

Nà wèi shì Lǐ xiānsheng.
c / 那 位 是 李 先生 。

Wáng jīnglǐ	Lǐ nǚshì
王 经理	李女士

Wáng xiǎojiě
王 小姐

2/ Complete the following dialogues, using the following words and sentence patterns you have learned.

wǒ xìng... 我 姓 ……	wǒ jiào... 我 叫 ……	zhè wèi shì... 这 位 是 ……	nà wèi shì... 那 位 是 ……
zài... gōngzuò 在 …… 工 作		wǒ yě shì 我 也 是	zhè shì wǒ de míngpiàn 这 是 我 的 名片
nín guìxìng 您 贵姓		wǒ lái jièshào yíxià 我 来 介绍 一下	

a / Mr Wang and Miss Li are meeting for the first time. What should they say to ask for the other person's name?

Nín hǎo,
您 好 , ...   ?

... , ...   ?

...   。

b / Mr Wang and Miss Li are meeting for the first time. What should they say?

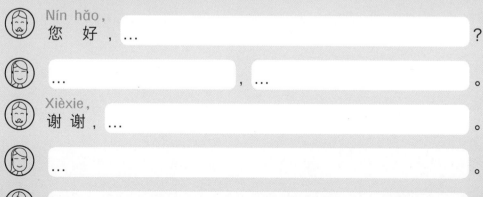

Nín hǎo,
您 好 , ...   ?

... , ...   。

Xièxie,
谢 谢 , ...   。

...   。

...   。

3/ Mr Wang has come to have a meeting at your company. Please introduce him to your colleagues using the words and sentence patterns you have learned.

王 进 经理 手机：18439284509 邮箱：wangjin@cti.com	Wang Jin Tel: 18439284509 Email: wangjin@cti.com

...

4/ Please introduce yourself to the class.

...

5/ Please introduce another student to the class.

...

zàijiàn

再见

[Goodbye]

Dialogues / 对话 25%

1 Wáng xiǎojiě， zàijiàn!
王 小姐， 再见！
[Goodbye, Miss Wang!]

Zàijiàn!
再见 !
[Bye!]

> [v.]
> 再见 | goodbye;
> bye; see you

2 Lǐ xiānsheng， míngtiān jiàn!
李 先生 ， 明天 见！
[See you tomorrow, Mr Wang!]

Míngtiān jiàn!
明天 见！
[See you!]

> [v.] [v.]
> 明天 | tomorrow 见 | see

hǎojiǔ
好久 = long time

3 Lǐ xiānsheng， hǎojiǔ bú jiàn!
李 先生 ， 好久 不 见！
[Long time no see, Mr Li!]

Hǎojiǔ bú jiàn! Gōngzuò máng ma?
好久 不 见！ 工作 忙 吗 ？
[Long time no see! Are you busy?]

Máng! Nǐ ne?
忙 ！你 呢？
[Yes, what about you?]

Wǒ yě shì.
我 也 是。
[Me too.]

> [adj.]
> 好久 | long time

> [adv.]
> 不 | not; no

> [adj.]
> 忙 | busy

> [int.]
> 吗 | used after a sentence to indicate the interrogative mood

> [int.]
> 呢 | used after a sentence to indicate the interrogative mood

4

Nín hǎo, Wáng xiǎojiě, huānyíng nǐ!
您 好 ， 王 小姐 ， 欢迎 你！
[Hello, Miss Wang, welcome!]

Nín hǎo, Lǐ xiānsheng, hǎojiǔ bú jiàn!
您 好 ， 李 先生 ， 好久 不 见！
[Hello, Mr Li, long time no see!]

Hǎojiǔ bú jiàn, nín máng ma?
好久 不 见 ， 您 忙 吗？
[Long time no see, are you busy?]

Bù máng, qǐng jìn!
不 忙 ， 请 进！
[No, I'm not, please come in!]

Xièxie!
谢谢 ！
[Thank you!]

5

Wáng xiǎojiě, nǐ hǎo, hǎojiǔ bú jiàn!
王 小姐 ， 你 好 ， 好久 不 见 ！
[Hi, Miss Wang, long time no see!]

Hǎojiǔ bú jiàn, Lǐ xiānsheng, nín qù nǎr?
好久 不 见 ， 李 先生 ， 您 去 哪儿？
[Long time no see, Mr Li, where are you going?]

Wǒ qù yínháng, nǐ ne?
我 去 银行 ， 你 呢？
[I am going to bank, what about you?]

Wǒ qù gōngsī, zàijiàn!
我 去 公司 ， 再见 ！
[I am going to the company, bye!]

Zàijiàn!
再见 ！
[Bye!]

[v.]
去 | go; leave

[pron.]
哪儿 | where (*used to ask place*)

Passage / 短文 (50%)

Lǐ xiānsheng, nín hǎo, hǎojiǔ bú jiàn! Nín míngtiān
李 先生 ， 您 好， 好久 不 见！ 您 明天
máng ma? Qǐng nín míngtiān lái yíxià wǒ de gōngsī, xièxie.
忙 吗？ 请 您 明天 来 一下 我 的 公司， 谢谢。
Míngtiān jiàn!
明天 见！

Hello, Mr Li, long time no see! Are you busy tomorrow? Please come to my company tomorrow, thank you. See you tomorrow!

Words and phrases / 词语 (75%)

zàijiàn 再见 / [v.] goodbye; bye; see you	míngtiān 明天 / [n.] tomorrow
jiàn 见 / [verb.] see	hǎojiǔ 好久 / [adj.] long time
bù 不 / [adv.] not; no	máng 忙 / [adj.] busy
ma 吗 / [int.] used after a sentence to indicate the interrogative mood	ne 呢 / [int.] used after a sentence to indicate the interrogative mood
qù 去 / [v.] go; leave	nǎr 哪儿 / [pron.] where (used to ask place)

你呢

Exercises / 练习 ⟨100%⟩

1/ Substitution drills.

(1)

Nǐ qù nǎr?
a / 你去 哪儿？

Wǒ qù yínháng.
b / 我 去 银行 。

Nǐ ne?
c / 你 呢 ？

(2)

Tā bù máng.
a / 他 不 忙 。

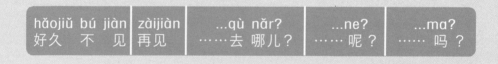

2/ Complete the following dialogues, using the following words and sentence patterns you have learned.

hǎojiǔ bú jiàn 好久 不 见	zàijiàn 再见	...qù nǎr? ……去 哪儿？	...ne? …… 呢？	...ma? …… 吗？

a / Miss Li is on her way to the bank and Mr Wang is on his way to the company. They haven't seen each other for a long time.

= little miss.

Lǐ xiǎojiě,
李 小姐, ... 我 去 经理。 !

...王 先生   Wáng xiānsheng!
                    , 王   先生 ! ...   ?

Wǒ qù gōngsī,
我 去 公司 , ...   ?

...   , zàijiàn!
                                       , 再见 !

...   !

b / Miss Li goes to find Mr Wang, who is working in his office.

Lǐ xiǎojiě,   zài nar
李 小姐 , ...你 在 那   !

...   Wáng xiānsheng!
    ,   王   先生 ! ...   ?

...   , ...   ?

xièxie!
谢谢 !

3/ You are the manager of a company. Use the words and phrases you have learned to leave a voice message inviting Mr Li to come to your company tomorrow.

...

5

tā shì nǎ guó rén
他是哪国人

[What nationality is he?]

Dialogues / 对话

1
Zhè shì nǎge guójiā?
这 是 哪个 国家？
[Which country is it?]

Zhè shì Zhōngguó. Wǒ shì Zhōngguórén.
这 是 中国 。我 是 中国 人。
[This is China. I am Chinese.]

[pron.]
哪 | which (used in front of a measure word)

[mw.]
个 | used with nouns without specific measure words

[n.]	[n.]	[n.]
国家	country	中国	China	人	people

2
Nà wèi shì shéi?
那 位 是 谁？
[Who's that?]

[pron.]
谁 | who(m)

Nà shì Lǐ xiānsheng, tā shì wǒmen gōngsī de jīnglǐ.
那 是 李 先生 ，他 是 我们 公司 的 经理。
[That's Mr Li. He is our company's manager.]

[pron.]
他 | he; him

Tā shì nǎ guó rén?
他 是 哪 国 人？
[What nationality is he?]

Tā shì Zhōngguórén.
他 是 中国人 。
[He is Chinese.]

3
Wáng mìshū, míngtiān shéi lái wǒmen gōngsī?
王 秘书 ， 明天 谁 来 我们 公司 ？
[Secretary Wang, Who will visit our company tomorrow?]

[v.]
秘书 | secretary

Lǐ jīnglǐ, míngtiān Mǎlì xiǎojiě lái wǒmen gōngsī.
李 经理 ， 明天 玛丽 小姐 来 我们 公司 。
[Mr Li, Miss Mary will visit our company tomorrow.]

Mǎlì xiǎojiě? Tā shì nǎ guó rén?
玛丽　小姐 ？她是 哪国 人 ？
[Miss Mary? What nationality is she?]

[pron.]
她 | she; her

Tā shì Měiguórén.
她是 美国人 。
[She is American.]

[n.]
美国 | the United States

4

Xiānsheng, nín hǎo! Huānyíng nín lái Zhōngguó!
先生　　，您 好 ！欢迎 您来 中国 ！
[Hello, Sir. Welcome to China!]

Xièxie!
谢谢 ！
[Thanks!]

Nín shì nǎ guó rén?
您 是 哪 国 人 ？
[What nationality are you?]

Wǒ shì Rìběnrén.
我 是 日本人 。
[I'm Japanese.]

[n.]
日本 | Japan

Nín lái Zhōngguó gōngzuò ma?
您 来 中国 工作 吗 ？
[Did you come to China for work?]

Bù, wǒ lái Zhōngguó xuéxí Hànyǔ.
不 , 我 来 中国 学习 汉语 。
[No, I come to China to study Chinese.]

[v.]
学习 | study; learn

[n.]
汉语 | Chinese language

5

Lǐ jīnglǐ shì nǎ guó rén?
李 经理 是 哪 国 人 ？
[What nationality is Mr Li?]

Tā shì Hánguórén.
他 是 韩国 人 。
[He is South Korean.]

[n.]
韩国 | South Korea

Wáng mìshū yě shì Hánguórén ma?
王 秘书 也 是 韩国人 吗 ？
[Is Secretary Wang also a South Korean?]

Bùshì, Tā shì Měiguórén.
不是 , 她 是 美国人 。
[No, she is American.]

Tā de Hànyǔ zhēn hǎo.
她 的 汉语 真 好 。
[Her Chinese is very good!]

[adv.]
真 | indeed; really

Passage / 短文 `50%`

Wǒ xìng Wáng, jiào WángTiān, shì Zhōngguórén. Wǒ zài
我 姓 王， 叫 王 天，是 中国人 。我 在
yínháng gōngzuò. Wǒ de hǎo péngyou Mǎlì shì Měiguórén. Tā lái
银行 工作 。我 的 好 朋友 玛丽 是 美国人 。她来
Zhōngguó xuéxí Hànyǔ, tā de Hànyǔ hěn hǎo.
中国 学习 汉语 ，她 的 汉语 很 好 。

My surname is Wang, My name is Wang Tian. I'm Chinese. I work in a bank. My good friend
Mary is American. She came to China to study Chinese. Her Chinese is very good.

Words and phrases / 词语 `75%`

nǎ 哪 / [pron.] which (used in front of a measure word)	**gè** 个 / [mw.] used with nouns without specific measure words
guójiā 国家 / [n.] country	**Zhōngguó** 中国 / [n.] China
rén 人 / [n.] people	**shéi** 谁 / [pron.] who(m)
tā 他 / [pron.] he; him	**mìshū** 秘书 / [n.] secretary
tā 她 / [pron.] she; her	**Měiguó** 美国 / [n.] the United States
Rìběn 日本 / [n.] Japan	**xuéxí** 学习 / [v.] study; learn
Hànyǔ 汉语 / [n.] Chinese language	**Hánguó** 韩国 / [n.] South Korea
zhēn 真 / [adv.] indeed; really	

Exercises / 练习 (100%)

1/ Substitution drills.

a /

b /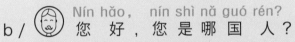

c /

2/ Complete the following dialogues, using the words and sentence patterns you have learned.

...shì shéi? …… 是 谁？	nǎ guó rén? 哪 国 人？	Bù, ... 不，……

a / Mr Li works in an airport in China. Mr Wang has just arrived by plane.

Xiānsheng, nín hǎo!
先生 ，您 好！ ... ?

Wǒ xìng Wáng.
我 姓 王 。

... 。

Wǒ shì Měiguórén.
我 是 美国 人 。

Nín zài gōngsī gōngzuò ma?
您 在 公司 工作 吗？

...

b / Miss Li and Mr Li have come to the airport to meet Mr Wang. Mr Wang and Miss Li know each other, but Mr Wang doesn't know Mr Li.

Wáng xiānsheng, hǎojiǔ bú jiàn!
王 先生 ，好久 不 见！

Hǎojiǔ bú jiàn! Lǐ xiǎojiě.
好久 不 见！李 小姐 。

... ?

Nà wèi shì Lǐ jīnglǐ.
那 位 是 李 经理 。

... ?

Tā shì Hánguórén.
他 是 韩国 人 。

Tā lái Zhōngguó gōngzuò ma?
他来 中国 工作 吗？

... 。

3/ Mr Wang is from Japan. He is studying Chinese in China, and his Chinese is very good. Introduce him to your colleagues, using the words and sentence patterns you have learned.

...

4/ Introduce yourself to another person using the words and sentence patterns you have learned.

...

6

duìbuqǐ

对不起

[I'm sorry]

Dialogues / 对话 25%

1 Duìbuqǐ!
对不起 !
[Sorry.]

> [v.]
> 对不起 | I'm sorry.

Méi guānxi!
没 关系 !
[That's all right.]

> 没关系 | That's all right.

2 Qǐngwèn， nà shì shéi? Shì Lǐ xiǎojiě ma?
请问 ，那 是 谁 ？是 李 小姐 吗 ？
[Excuse me, who is that?Is that Miss Li?]

> [v.]
> 请问 | Excuse me

Duìbuqǐ， wǒ bù zhīdào.
对不起 ，我 不 知道 。
[Sorry, I don't know.]

> [v.]
> 知道 | know; be aware of

Méi guānxi, xièxie.
没 关系 ，谢谢 。
[That's all right, thank you.]

3 Nǐ hǎo, Lǐ xiānsheng! Hǎojiǔ bú jiàn!
你 好 ，李 先生 ！好久 不 见 ！
[Hello, Mr Li! Long time no see!]

Hǎojiǔ bú jiàn, Wáng xiānsheng.
好久 不 见 ，王 先生 。
[Long time no see, Mr Wang!]

Duìbuqǐ， wǒ láiwǎn le.
对不起 ，我 来 晚 了 。
[Sorry, I am late.]

> [adj.]
> 晚 | late

> [part.]
> 了 | used after a verb to indicate that the action is in the past and has been completed; used at the end of a sentence to indicate changing in status

Méi guānxi. Qǐng jìn.
没 关系 。请 进 。
[That's all right. Come in, please!]

Xièxie!
谢谢 !
[Thank you!]

4

Wèi, nǐ hǎo!
喂，你好！
[Hello!]

> [int.]
> 喂 | used to start a dialogue over the phone

Nǐ hǎo!
你好！
[Hello!]

Qǐngwèn, shì gōngsī ma?
请问，是 CTI 公司 吗？
[Excuse me, is that the CTI?]

Shì.
是。
[Yes.]

> [v.]
> 是 | Yes

Lǐ jīnglǐ zài ma?
李经理 在 吗？
[Is Mr Li there?]

> [v.]
> 在 | exist; lie; be at; be on

Duìbuqǐ, tā bú zài.
对不起，他 不 在。
[Sorry. He is not here now.]

Xièxie, zàijiàn!
谢谢，再见！
[Thanks. Bye!]

5

Nín hǎo, huānyíng lái gōngsī gōngzuò!
您 好，欢迎 来 CTI 公司 工作！
[Hello! Welcome to CTI to work!]

Nín hǎo, xièxie! Qǐngwèn, nín shì Lǐ jīnglǐ ma?
您 好，谢谢！请问，您 是 李 经理 吗？
[Hi! Thank you! May I ask if you are Maneger Li?]

Bú shì, wǒ xìng Wáng, shì Lǐ jīnglǐ de mìshū.
不 是，我 姓 王，是 李 经理 的 秘书。
[No, my surname is Wang, I am the manager's secretary.]

Duìbuqǐ, Wáng mìshū.
对不起，王 秘书。
[I am sorry, Secretary Wang.]

Méi guānxi. Qǐng jìn!
没 关系。请 进！
[That's all right. Come in, please!]

Xièxie!
谢谢！
[Thank you!]

Passage / 短文 ⟨50%⟩

Wáng xiānsheng, duìbuqǐ, nǐ jīntiān lái gōngsī, wǒ bú
王 先生 , 对不起,你 今天 来 公司, 我 不
zài. Míngtiān nǐ máng ma? Míngtiān xiàwǔ wǒ zài gōngsī,
在 。 明天 你 忙 吗? 明天 下午 我 在 公司,
huānyíng nǐ lái. Míngtiān jiàn.
欢迎 你来。 明天 见 。

Mr Wang, I'm sorry. When you came to the company today, I was not there. Are you busy tomorrow? I will be at the company tomorrow in the afternoon. You are welcome to come back! See you tomorrow.

Words and phrases / 词语 ⟨75%⟩

duìbuqǐ 对不起 / [v.] I'm sorry.	**méi guānxi** 没 关系 / That's all right.
qǐngwèn 请问 / [v.] Excuse me	**zhīdào** 知道 / [v.] know; be aware of
wǎn 晚 / [adj.] late	**le** 了 / [part.] *used after a verb to indicate that the action is in the past and has been completed; used at the end of a sentence to indicate changing in status*
wèi 喂 / [int.] *used to start a dialogue over the phone*	**shì** 是 / [v.] Yes
zài 在 / [v.] exist; lie; be at; be on	

Exercises / 练习 100%

1/ Substitution drills.

a/
Wèi, qǐngwèn, Lǐ jīnglǐ zài ma?
喂, 请问, 李 经理 在 吗？

Wáng nǔshì	Lǐ xiānsheng
王 女士	李 先生
Mǎlì xiǎojiě	
玛丽 小姐	

b/
Qǐngwèn, nǐ shì Mǎlì xiǎojiě ma?
请问, 你是 玛丽 小姐 吗？

c/
Wǒ láiwǎn le.
我 来 晚 了。

Lǐ nǔshì	jīnglǐ
李女士	经理
Wáng xiānsheng	
王 先生	

tā	wǒmen
他	我们
qù yínháng	rènshi
去 银行	认识

2/ Complete the following dialogue, using the words and sentence patterns you have learned.

duìbuqǐ	méi guānxi
对不起	没 关系

a / Mr Wang and Miss Li have a meeting scheduled for 3 o'clock in the afternoon, but Mr Wang is late.

wǒ láiwǎn le!
..., 我 来 晚 了!

qǐng jìn!
..., 请 进!

b / Mr Wang and Miss Li see a lady at a party. Mr Wang does not know her name, so he asks Miss Li.

Qǐngwèn,
请问 , ... ?

wǒ bù zhīdào.
..., 我 不 知道。

xièxie !
..., 谢谢 !

3/ Mr Li came to your company to see you today, but you were not in. Please use the words and sentences you have learned to leave him a voice message inviting him to come back to see you afternoon.

...

7

今天星期几

[What day is it today?]

Dialogues / 对话 25%

1 Qǐngwèn, jīntiān xīngqī jǐ?
请问 , 今天 星期 几?
[Excuse me, what day is it today?]

> [n.] 今天 | today　[n.] 星期 | week;　[pron.] 几 | how many

Jīntiān xīngqīyī.
今天 星期一。
[Today is Monday.]

> [n.] 星期一 | Monday

2 Wáng mìshū, jīntiān zhōu jǐ?
王 秘书 , 今天 周 几?
[Ms Wang, what day is it today?]

> [n.] 周 | week

Jīntiān zhōu'èr Lǐ jīnglǐ.
今天 周二 , 李 经理。
[Today is Tuesday, Mr Li.]

> [n.] 周二 | Tuesday

Zhōusān wǒ chūchāi, zhōusì huí.
周 三 我 出差 , 周四 回。
[I will go on a business trip on Wednesday and be back on Friday.]

> [n.] 周三 | Wednesday

Hǎo de, wǒ zhīdào le.
好 的 , 我 知道 了。
[OK, I see.]

> [v.] 出差 | be on a business trip　[n.] 周四 | Thursday

3 Lǐ xiānsheng, wǒmen xīngqī jǐ jiàn?
李 先生 , 我们 星期 几 见?
[Mr Li, what day of the week shall we meet?]

> [v.] 回 | go back

> [n.] 星期五 | Friday　[aux.] 可以 | can; may

Xīngqīwǔ kěyǐ ma?
星期五 可以 吗?
[How about Friday?]

Xīngqīwǔ wǒ chūchāi, zhōusān ba, kěyǐ ma?
星期五 我 出差 , 周三 吧 , 可以 吗?
[Sorry, I have a business trip on Friday. Shall we meet on Wednesday?]

> [int.] 吧 | used at the end of a sentence to imply soliciting advice, making a suggestion or request, or giving a mild command

Hǎo, zhōusān wǒ qù nín gōngsī!
好 ， 周三 我 去 您 公司 ！
[Sure, I'll go to your company on Wednesday!]

Zhōusān jiàn!
周三 见 ！
[See you on Wednesday!]

4

Wáng jīnglǐ, zhōusān de huìyì nín qù ma?
王 经理， 周三 的 会议 您 去 吗？
[Mr Wang, would you be present at the meeting on Wednesday?]

[n.]
会议 | meeting

Bú qù, wǒ zhōu'èr chūchāi.
不 去， 我 周二 出差 。
[No, I can't go. I have a business trip on Tuesday.]

Hǎo de. Lǐ jīnglǐ xīngqīwǔ lái gōngsī jiàn nín.
好 的。李 经理 星期五 来 公司 见 您。
[OK. Mr Li will come to see you in the office on Friday.]

Hǎo, wǒ zhīdào le.
好 ， 我 知道 了。
[Great.]

5

Wáng jīnglǐ, hǎojiǔ bú jiàn!
王 经理，好久 不 见 ！
[Mr Li, long time no see!]

Nǐ hǎo, Shānkǒu xiānsheng!
你 好， 山口 先生 ！
[Nice to see you, Mr Yamaguchi!]

Gōngzuò máng ma?
工作 忙 吗？
[Has it been busy at work?]

Máng! wǒ zhōusì qù Rìběn chūchāi.
忙 ！我 周四 去 日本 出差 。
[Yes, quite busy! I will go to Japan on a business trip on Thursday.]

Xiànzài nàr lěng ma?
现在 那儿 冷 吗？
[Is it cold now?]

[n.]
现在 | now; nowadays; today; at present

[pron.]
那儿 | there

Bù lěng bú rè, tiānqì hěn hǎo.
不 冷 不 热，天气 很 好。
[Not cold or hot. The weather is very nice.]

[adj.]
冷 | cold

[adj.]
热 | hot; high in temperature

[n.]
天气 | weather

Tài hǎo le! Xièxie!
太 好 了！ 谢谢 ！
[Great! Thank you!]

[adv.]
太 | too; extremely

Passage / 短文 (50%)

Wǒ jiào Mǎlì,　wǒ shì Měiguórén,　zài Zhōngguó de
我 叫 玛丽， 我 是 美国人 ， 在 中国 的
Rìběn gōngsī gōngzuò. Wǒ shì mìshū, zhè zhōu de
日本 公司 工作 。我 是 秘书， 这 周 的
gōngzuòtàimáng le. Xīngqīyī wǒ qù yínháng,　xīngqī'èr
工作 太 忙 了。星期一 我 去 银行 ， 星期二
wǒ qù Rìběn chūchāi,　xīngqīsān jiàn Shānkǒu jīnglǐ,
我 去 日本 出差 ， 星期三 见 山口 经理，
xīngqīsì huí Zhōngguó,　xīngqīwǔ zài gōngsī xuéxí Hànyǔ.
星期四 回 中国 ， 星期五 在 公司 学习 汉语。

[num.]	[num.]
一 | one	二 | two

[num.]
三 | three

[num.]	[num.]
四 | four	五 | five

I'm Mary and I'm from America. Now I work in a Japanese company in China.
I am a secretary and I have been too busy this week. I went to the bank on
Monday. On Tuesday I went to Japan on a business trip. I met Mr Yamaguchi
on Wednesday, and then I went back to China on Thursday. On Friday, I
studied Chinese at the company.

Words and phrases / 词语 (75%)

jīntiān
今天 / [n.] today

xīngqī
星期 / [n.] week

jǐ
几 / [pron.] how many

xīngqīyī
星期一 / [n.] Monday

zhōu
周 / [n.] week

zhōu'èr
周二 / [n.] Tuesday

zhōusān
周三 / [n.] Wednesday

chūchāi
出差 / [v.] be on a business trip

zhōusì
周四 / [n.] Thursday

huí
回 / [v.] go back

xīngqīwǔ
星期五 / [n.] Friday

bɑ
吧 / [int.] *used at the end of a sentence to imply soliciting advice, making a suggestion or request, or giving a mild command*

kěyǐ
可以 / [aux.] can; may

huìyì
会议 / [n.] meeting

xiànzài
现在 / [n.] now; nowadays; today; at present

nàr
那儿 / [pron.] there

lěng
冷 / [adj.] cold

rè
热 / [adj.] hot; high in temperature

tiānqì
天气 / [n.] weather

tài
太 / [adv.] too; extremely

yī
一 / [num.] one

èr
二 / [num.] two

sān
三 / [num]. three

sì
四 / [num.] four

wǔ
五 / [num.] five

Exercises / 练习 ⑩⁰%

1/ Substitution drills.

a / Jīntiān xīngqīyī.
今天 星期一。

èr	sān	sì	wǔ
二	三	四	五

b / Wǒmen zhōu yī jiàn.
我们 周一 见。

èr	sān	sì	wǔ
二	三	四	五

c / Wǒ zhōu yī chūchāi, zhōu'èr huí.
我 周一 出差 ， 周二 回。

èr	sān	sì	wǔ
二	三	四	五

d / Wǒ xīngqīyī qù Zhōngguó.
我 星期一 去 中国。

èr	sān	Rìběn	yínháng
二	三	日本	银行
sì	wǔ	gōngsī	
四	五	公司	

e / Tài hǎo le!
太 好 了！

rè	lěng	wǎn
热	冷	晚

2/ Complete the following dialogue, using the words and sentence patterns you have learned.

| jīntiān zhōujǐ?
今天 周 几? | wǒmen xīngqī jǐ jiàn?
我们 星期几 见? | kěyǐ ma?
可以 吗? |

Mr Yamaguchi wants to meet Mr Li. He asks Mr Li what day of the week they meet.

...?

...?

Jīntiān
今天 ...。

Wǒ zhōuyī   zhōu'èr
我 周一 ... , 周二 ... ,

... 。

Wǒmen xīngqīsì jiàn,
我们 星期四 见 , ...。

Hǎo,
好 , ...。

3/ You're the secretary for the manager Mr Li. Check his schedule for this week and then tell him about it.

xīngqīyī 星期一	xīngqī'èr 星期二	xīngqīsān 星期三	xīngqīsì 星期四	xīngqīwǔ 星期五
qù Rìběn chūchāi 去 日本 出差		huí Běijīng 回 北京	jiàn 见 Lǐ xiānsheng 李 先生	huìyì 会议

Lǐ jīnglǐ zhè xīngqī gōngzuò hěn máng. Xīngqīyī tā
李经理 这 星期 工作 很 忙 。星期一 他 ...   ,

Rìběn de tiānqì hěn hǎo,
日本 的 天气 很 好, ...   。

Xīngqīsān tā
星期三 他 ...

...   ,

xīngqīsì tā
星期四 他 ...

...   ,

xīngqīwǔ
星期五 ...   。

...   。

4/ Dscribe your schedule for the coming week, using the words and sentence patterns you have learned.

zhōuyī
周一 ：...

...

zhōu'èr
周二 ：...

...

zhōusān
周三 ：...

...

zhōusì
周四 ：...

...

zhōuwǔ
周五 ：...

...

8

xiànzài jǐ diǎn
现在几点
[What time is it?]

Dialogues / 对话 25%

1
Nín hǎo, qǐngwèn xiànzài jǐ diǎn?
您 好 , 请问 现在 几 点 ?
[Excuse me. What time is it?]

Liù diǎn bàn.
六 点 半 。
[Half past six.]

Xièxie.
谢谢 。
[Thank you.]

[n.]
点 | o'clock

[num.]   [num.]
六 | six   半 | half

2
Wáng mìshū, wǒ míngtiān jǐ diǎn de fēijī?
王 秘书 , 我 明天 几 点 的 飞机 ?
[Ms Wang, what time is my flight tomorrow?]

Zǎoshang qī diǎn.
早上 七 点 。
[Seven o'clock in the morning.]

Huílái de fēijī ne?
回来 的 飞机 呢 ?
[What about the return flight?]

Xīngqītiān wǎnshang bā diǎn.
星期天 晚上 八 点 。
[Eight o'clock on Sunday night.]

Hǎo, wǒ zhīdào le.
好 , 我 知道 了 。
[OK, get it.]

[n.]
飞机 | plane

[num.]
七 | seven

[n.]   [num.]
星期天 | Sunday   八 | eight

3

Wáng mìshū, jǐ diǎn jiàn Lǐ jīnglǐ?
王 秘书，几 点 见 李 经理？
[Ms Wang, when shall we meet Mr Li?]

Shàngwǔ jiǔ diǎn, kěyǐ ma?
上午 九 点，可以 吗？
[How about 9 o'clock in the morning?]

[n.]	[num.]
上午	morning	九	nine

Jiǔdiǎn wǒ qù yínháng, shí diǎn ba.
九 点 我 去 银行，十 点 吧。
[I have to go to bank at nine.Shall we meet him at ten o'clock?]

[num.]
十	ten

Hǎo de.
好 的。
[Sure.]

4

Lǐ jīnglǐ, nín máng ma?
李 经理，您 忙 吗？
Wáng jīnglǐ shíyī diǎn lái jiàn nín.
王 经理十一 点 来 见 您。
[Mr Li, are you busy? Mr Wang is coming to see you at 11 o'clock.]

Xiànzài jǐ diǎn?
现在 几 点 ？
[What time is it now?]

Xiànzài shí diǎn.
现在 十 点 。
[It's 10 o'clock.]

Bù xíng, wǒ shí diǎn bàn kāihuì.
不 行， 我 十 点 半 开会。
[That's not possible. I have a meeting at half past 10.]

[v.]
开会	have a meeting

Xiàwǔ liǎng diǎn ne?
下午 两 点 呢？
[How about 2 o'clock in the afternoon?]

[num.]
两	two

Liǎng diǎn bàn ba.
两 点 半 吧。
[Let's make it at half past two.]

Hǎo de, wǒ zhīdào le.
好 的，我 知道 了。
[OK, good.]

5

Jīnglǐ,　 lǐ xiānsheng shí diǎn lái jiàn nín.
经理，李　先生　十 点 来 见 您。
[Excuse me, Mr Li will come to see you at 10 o'clock.]

Xiànzài jǐ diǎn?
现在　几　点？
[What time is it now?]

Xiànzài jiǔ diǎn bàn.
现在　九 点 半。
[It's half past 9.]

Wǒ shí diǎn sìshíwǔ de fēijī.
我 十 点 四十五 的 飞机。
[My flight is at 10:45.]

Shí diǎn sìshíwǔ?
十 点 四十五？
Nín de fēijī shì zhōuliù wǎnshang shí diǎn sìshíwǔ.
您 的 飞机 是 周六　晚上　十 点 四十五。
[10:45?Your flight is at 10:45 in the Saturday evening.]

[n.]
周六 | Saturday

Wǒ huílái de fēijī ne?
我 回来 的 飞机 呢？
[When is my return flight?]

Zhōurì xiàwǔ liǎng diǎn bàn.
周日 下午 两 点 半。
[Half past two on Thursday afternoon.]

[n.]
周日 | Sunday

Passage / 短文 (50%)

Wǒ jīntiān zhēn máng! Wǒ zǎoshang sì diǎn de fēi jī qù Rìběn,
我 今天 真 忙！我 早上 四点 的飞机去 日本，
jiǔ diǎn bàn jiàn Shānkǒu jīnglǐ, shí diǎn kāihuì, xiàwǔ yī diǎn de fēijī
九 点 半 见 山口 经理，十 点 开会，下午 一 点 的飞机
huí Zhōngguó, wǔ diǎn qù yínháng jiàn Lǐ jīnglǐ, liù diǎn huí gōngsī.
回 中国 ，五 点 去 银行 见 李 经理，六 点 回 公司 。

I was very busy today. I had a 4:00 am flight to Japan. met Mr Yamaguchi at nine thirty, and had a meeting at ten o'clock. I took a flight back to China at one o'clock in the afternoon. went to the bank to meet Mr Li at five o'clock, and at six o'clock returned to my company.

Words and phrases / 词语 (75%)

diǎn 点 / [n.] o' clock	liù 六 / [num.] six
bàn 半 / [num.] half	fēijī 飞机 / [n.] plane
qī 七 [num.] seven	xīngqītiān 星期天 / [n.] Sunday
bā 八 / [num.] eight	shàngwǔ 上午 / [n.] morning
jiǔ 九 / [num.] nine	shí 十 / [num.] ten
kāihuì 开会 / [v.] have a meeting	liǎng 两 / [num.] two
zhōuliù 周六 / [n.] Saturday	zhōurì 周日 / [n.] Sunday

Exercises / 练习 ⬤100%

1/ What time is it?

10/4 SAT
14:30

11/9 SUN
07:45

11/30 SUN
20:30

12/6 SAT
10:00

2/ Complete the following dialogue, using the words and sentence patterns you have learned.

...diǎn...
…… 点 ……

Mr Li is discussing his schedule with Ms Wang.

Wáng mìshū
王　秘书，…　　　　　　　　　　　　　　　　？

xiànzài bā diǎn bàn,　jīnglǐ.
现在　八　点　半　，经理。

Mǎlì xiǎojiě jīntiān shàngwǔ lái jiàn nín.
玛丽　小姐　今天　上午　来　见　您。

Mǎlì xiǎojiě?
玛丽 小姐 ？ ... ?

Tā de fēijī
她 的飞机 ... 。

Wǒ kāihuì,
我 ... 开会 ， ... 。

hǎo ma?
... ， 好 吗 ？

... 。

3/ You're the secretary for the manager Mr Li. Check his schedule for Thursday to Sunday and then tell him about it.

THU	FRI	SAT	SUN
fēijī qù Rìběn 8:25 飞机 去 日本	kāihuì 10：00 开会	bù gōngzuò 不 工作	jiàn Mǎlì 9：30 见 玛丽
jiàn Shānkǒu jīnglǐ 14：00 见 山口 经理	qù yínháng 15：00去 银行		fēijī huí Běijīng 16:38飞机 回 北京

Lǐ jīnglǐ nín zhōusì
李经理，您 周四 ... ，

zhōuwǔ
周五 ... ，

zhōuliù
周六 ... ，

zhōurì
周日 ... 。

4/   Please describe your schedule for tomorrow.

diǎn
点   : …

diǎn
点   : …

diǎn
点   : …

diǎn
点   : …

diǎn
点   : …

9

几 点 起床

[What time do you get up?]

Dialogues / 对话 25%

1

Nǐ jǐ diǎn qǐchuáng?
你 几 点　起床 ？
[What time do you get up ?]

> **[v.]**
> 起床 | get up; rise (from bed)

Wǒ liù diǎn bàn qǐchuáng, nǐ ne?
我 六 点 半　起床 ， 你 呢 ？
[I get up at half past six. What about you?]

Wǒ qī diǎn qǐchuáng. Nǐ jǐ diǎn shuìjiào?
我 七 点　起床 。 你 几 点　睡觉 ？
[I get up at seven. What time do you go to bed?]

> **[v.]**
> 睡觉 | sleep; go to bed

Wǒ shíyī diǎn shuìjiào.
我 十一 点　睡觉 。
[I go to bed at eleven.]

2

Nǐ jǐ diǎn shàngbān?
你 几 点　上班 ？
[What time do you get to work ?]

> **[v.]**
> 上班 | start work; go to work

Wǒ bā diǎn shàngbān nǐ ne?
我 八 点　上班 ， 你 呢 ？
[I get to work at eight, What about you?]

Wǒ jiǔ diǎn shàngbān, wǔ diǎn xiàbān.
我 九 点　上班 ， 五 点　下班 。
[I get to work at nine, and get off at five pm.]

> **[v.]**
> 下班 | finish work; get off work

Nǐ jǐ diǎn xiàbān?
你 几 点　下班 ？
[What time do you get off work?]

Wǒ yě wǔ diǎn xiàbān.
我 也 五 点　下班 。
[I get off work at five, too.]

3

Lǐ jīnglǐ, nín zhōuyī jǐ diǎn shàngbān?
李 经理, 您 周一 几 点 上班 ?
[Mr Li, what time will you get to work on Monday?]

Zhōuyī shàngwǔ wǒ qù yínháng.
周一 上午 我 去 银行 ,
[I have to go to the bank on Monday morning.]

xiàwǔ liǎng diǎn lái gōngsī, wǔ diǎn bàn xiàbān.
下午 两 点 来 公司 ,五 点 半 下班 。
[so I'll ge to the office at 2 pm, and get off work at 5 pm.]

Wǒ xiàwǔ sān diǎn bàn lái gōngsī jiàn nín, kěyǐ ma?
我 下午 三 点 半 来 公司 见 您,可以 吗?
[Could I come to see you at 3 pm?]

Hǎo, zhōuyī jiàn!
好 , 周一 见 !
[OK, see you on Monday!]

4

Nǐ gōngzuò máng ma? jǐ diǎn xiàbān?
你 工作 忙 吗?几 点 下班 ?
[Are you busy at work ? What time do you get off?]

Máng! Wǎnshang qī diǎn xiàbān.
忙 ! 晚上 七 点 下班 。
Zǎoshang bā diǎn bàn shàngbān!
早上 八 点 半 上班 !
[Yes, I'm very busy. I get off work at 7:00 pm. I get to work at 8:30 am.]

Qī diǎn? Nǐmen yínháng gōngzuò zhēn máng!
七 点 ？你们 银行 工作 真 忙 !
[7:00 ? You're so busy at the bank.]

Nǐ ne? Gōngzuò máng ma?
你 呢? 工作 忙 吗?
[How about you? Are you busy at work?]

Wǒ gōngzuò bù máng, jiǔ diǎn shàngbān, wǔ diǎn xiàbān.
我 工作 不 忙 ,九 点 上 班 ,五 点 下班 。
[I'm not busy at work. I start work at 9:00 am and get off work at 5:00 pm.]

Zhēn hǎo!
真 好 !
[That's great.]

5

Wáng mìshū, Xiànzài jǐ diǎn?
王 秘书 ， 现在 几 点 ？
[What time is it now, Ms Wang?]

Jiǔ diǎn bàn, Lǐ jīnglǐ.
九 点 半 ， 李 经理 。
[It's 9:30, Mr Li.]

Jiǔ diǎn bàn? Jīntiān zhēnmáng. Nǐ xiàbān ba,
九 点 半 ？ 今天 真 忙 。 你 下班 吧 ，
[9:30? Today has been so busy.]

míngtiān wǎn diǎnr lái shàngbān.
明天 晚 点儿 来 上班 。
[You should leave work now and come to work a little later tomorrow.]

Méi guānxi, jīnglǐ. Míngtiān wǒ bā diǎn bàn lái gōngsī.
没 关系 ， 经理 。 明天 我 八 点 半 来 公司 。
[It's no problem, Mr Li. I'll come to company at 8:30 tomorrow.]

Hǎo ba, zǎo diǎnr xiūxi, míngtiān jiàn.
好 吧 ， 早 点儿 休息 ， 明天 见 。
[OK. Just go to bed earlier tonight. See you tomorrow.]

Nín yě zǎo diǎnr xiūxi. Zàijiàn, jīnglǐ.
您 也 早 点儿 休息 。 再见 ， 经理 。
[You too. See you tomorrow, Mr Li.]

[adj.]
早 | early

[nm.]
（一）点（儿）| a bit; a little

[v.]
休息 | have a rest; go to bed

Passage / 短文 ⑤⁰%

Wǒ jiào Mǎlì, wǒ shì Měiguórén, Zài Zhōngguó de Rìběn
我 叫 玛丽，我 是 美国人 ， 在 中国 的 日本
gōngsī gōngzuò. Wǒmen gōngzuò hěn máng. Wǒ zǎoshang liù
公司 工作 。 我们 工作 很 忙 。我 早上 六
diǎn qǐchuáng, qī diǎn qù gōngsī, bā diǎn bàn shàngbān, liù diǎn
点 起床 ，七点 去 公司 ，八 点 半 上班 ，六 点
bàn xiàbān, Shí'èr diǎn shuìjiào. Nǐmen ne? Gōngzuò máng ma?
半 下班 ，十二 点 睡觉 。 你们 呢？ 工作 忙 吗？

I'm Mary and I'm from America. I work in a Japanese company in China. We're very busy at work. I get up at 6:00, and leave for work at 7:00. I start work at 8:30 and get off work at 6:30 in the evening. I go to bed at twelve. How about you? Are you busy at work?

Words and phrases / 词语 ⁷⁵%

qǐchuáng 起床 / [v.] get up ; rise (from bed)	shuìjiào 睡觉 / [v.] sleep; go to bed
shàngbān 上班 / [v.] start work; go to work	xiàbān 下班 / [v.] finish work; get off work
zǎo 早 / [adj.] early	(yì) diǎnr （一）点儿 / [nm.] a bit; a little
xiūxi 休息 / [v.] have a rest; go to bed	

Exercises / 练习 (100%)

1/ Substitution drills.

Wǒ zǎoshang liù diǎn qǐchuáng.

a / 我 早上 六 点 起床

tā 他	qī diǎn 七 点
tā 她	bā diǎn 八 点
Mǎlì 玛丽	jiǔ diǎn 九 点

Wǒ bā diǎn bàn shàngbān.

b / 我 八 点 半 上班 。

Lǐ jīnglǐ 李经理	jiǔ diǎn bàn 九 点 半
Wáng xiǎojiě 王 小姐	shí diǎn 十 点
tā 他	shí diǎn bàn 十 点 半

Mǎlì xiàwǔ liù diǎn bàn xiàbān.

c / 玛丽 下午 六 点 半 下班 。

wǒ 我	wǔ diǎn 五 点
tā 他	wǔ diǎn bàn 五 点 半
Lǐ jīnglǐ 李经理	liù diǎn 六 点

Wǒ wǎngshang shí diǎn shuìjiào.

d / 我 晚上 十 点 睡觉 。

tā 他	shí diǎn bàn 十 点 半
Mǎlì 玛丽	shíyī diǎn 十 一 点
Lǐ jīnglǐ 李经理	shíyī diǎn bàn 十 一 点 半

2/ Complete the following dialogue, using the words and sentence patterns you have learned.

Miss Wang and Mr Zhou haven't seen each other for a long time. Today they happen to meet and so they chat for a while about work.

Mǎlì   hǎojiǔ bú jiàn!   Gōngzuò máng ma?
玛丽，好久 不 见 ！ 工作   忙   吗 ？

Máng! Wǒ
忙 ！我 ... _____ 。

Zhēn máng!   Nǐ jǐ diǎn qǐchuáng?
真   忙 ！你 几 点   起床 ？

... _____ , ... _____ ？

... _____ ，十 一 点 半   睡觉 。
shí yī diǎn bàn shuìjiào.

Zhēn hǎo!
真   好 ！... _____ 。

... _____ 。

... _____ 。

3/ Look at Mr Li's schedule for Thursday and then complete the following description of his schedule.

	xīngqīsì 星期四
6：00	qǐchuáng 起床
8：00	zuò fēijī huí Běijīng 坐 飞机 回 北京
13：30	qù gōngsī shàngbān 去 公司 上班
14：00	huìyì 会议
15：00—18：00	gōngzuò 工作
18：30	xiàbān 下班
23：30	shuìjiào 睡觉

Lǐ jīnglǐ zài yínháng gōngzuò, tā hěn máng. Zhōusì zǎoshang
李经理 在 银行 工作，他 很 忙。周四 早上

tā liù diǎn
他 六 点 …………………… , …………………………… 。

zhōngwǔ　　　　　　　　　　　　　　xiàwǔ
中午 …………………… , 下午 …………………… ,

…………………… ,

…………………… 。

4/ Describe your day, using the words and sentence patterns you have learned.

...

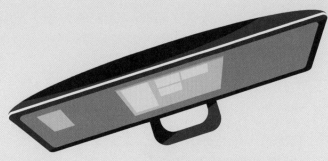

10

jīntiān jǐ yuè jǐ hào
今天几月几号
[What is the date today?]

Dialogues / 对话 25%

1
Nǐ hǎo!
你 好！
[Hi!]

Nǐ hǎo!
你 好！
[Hi!]

Qǐngwèn, jīntiān jǐ yuè jǐ hào?
请问 ， 今天 几 月 几 号 ？
[Excuse me, what's the date today?]

Jīntiān yīyuè yī hào.
今天 一月 一 号 。
[It's the 1st of January.]

Hǎo de, xièxie.
好 的， 谢谢 。
[OK, thank you.]

[n.]   [n.]
月 | month   号 | date

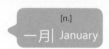

[n.]
一月 | January

2
Qǐngwèn, jīntiān xīngqī jǐ?
请问 ， 今天 星期 几？
[What day is it today?]

Jīntiān xīngqīyī.
今天 星期一 。
[Today is Monday.]

Jīntiān jǐ yuè jǐ hào?
今天 几 月 几 号 ？
[What's the date today?]

Jīntiān èryuè èr hào.
今天 二月 二 号 。
[Today is the 2nd of Feburary.]

[n.]
二月 | Feburary

Jīntiān èryuè èr hào le? Xièxie!
今天 二月 二 号 了？ 谢谢 ！
[It's the 2nd of Feburary? Thank you!]

3

Wèi, nín hǎo, gōngsī.
喂 ， 您 好 ， CTI 公司 。
[Hello! this is CTI.]

Nǐ hǎo, Wáng mìshū, wǒ shì MǎLì. Qǐngwèn,
你 好 ， 王 秘书 ，我 是 玛丽。 请问 ，
Lǐ jīnglǐ jǐ hào qù Rìběn?
李 经理 几 号 去 日本 ？
[Hi, Miss Wang. This is Mary. May I ask which day Mr Li is going to Japan?]

Shí'èr hào.
十二 号 。
[On the 12th.]

Shí'èr hào? Shì sānyuè shí'èr hào ma?
十二 号 ？是 三月 十二 号 吗？
[The 12th? The 12th of March?]

三月| March [n.]

Bú shì, shì sìyuè shí'èr hào.
不 是 ，是 四月 十二 号 。
[No, the 12th of April.]

四月| April [n.]

Hǎo, xièxie, wǒ kěyǐ míngtiān shàngwǔ shí diǎn bàn
好 ， 谢谢 ，我 可以 明天 上午 十 点 半
qù jiàn tā ma?
去 见 他 吗 ？
[OK, thanks. Could I go schedule a meeting with him tomorrow at 10:30 in the morning?]

Wǒ kàn yíxià... Kěyǐ.
我 看 一下 ……可以。
[Let me see...Sure.]

看| look; watch [v.]

Xièxie, zàijiàn.
谢谢 ， 再见 。
[Thanks, bye.]

Zàijiàn!
再见!
[Bye!]

4

Lǐ jīnglǐ, shàngwǔ hǎo!
李 经理， 上午 好！
[Good morning, Mr Li!]

Shàngwǔ hǎo, Wáng mìshū!
上午 好， 王 秘书！
[Good morning, Miss Wang!]

Lǐ jīnglǐ, jīntiān xīngqīsì, nín míngtiān qù Měiguó chūchāi,
李 经理， 今天 星期四， 您 明天 去 美国 出差，
shì xiàwǔ sān diǎn de fēijī.
是 下午 三 点 的 飞机。
[Mr Li, it's Thursday today. You're going on a business trip tomorrow, leaving on a 3:00 pm flight.]

Míngtiān? Jīntiān jǐ hào?
明天 ？ 今天 几 号 ？
[Tomorrow? What's the date today?]

Jīntiān jiǔyuè sān hào, xīngqīsì.
今天 九月 三 号 ， 星期四。
[It's the 3rd of September today, Thursday.]

[n.]
九月| September

Hǎo de, wǒ zhīdào le, xièxie!
好 的， 我 知道 了， 谢谢！
[OK, I got it. Thank you!]

5

Xiǎo Wáng, xīngqīsān kāihuì, kěyǐ ma?
小 王 ， 星期三 开会， 可以 吗？
[Miss Wang, is this Wednesday OK for a meeting?]

Xīngqīsān shì jǐ hào?
星期三 是 几 号 ？
[What's the date this Wednesday?]

shíyīyuè èrshísān hào.
十一月 二十三 号 。
[It's the 23rd of November.]

[v.]
十一月| November

Wǒ èrshí'èr hào qù Běijīng chūchāi, èrshísì hào huí gōngsī.
我 二十二 号 去 北京 出差 ， 二十四 号 回 公司 。
[I'll go to Beijing on business on the 22nd and return on the 24th.]

Nà, wǒmen èrshíwǔ hào kāihuì ba.
那 ， 我们 二十五 号 开会 吧。
[So could we have the meeting on the 25th?]

Wǒ kàn yíxià...　　Shàngwǔ shí diǎn,　kěyǐ ma?
我 看 一下 …… 上午 十 点 ， 可以 吗 ？
[Let me see... Is 10:00 in the morning, OK?]

Kěyǐ,　shíyīyuè èrshíwǔ hào shàngwǔ shídiǎn kāihuì.
可以 ， 十一月 二十五 号 上午 十 点 开会 。
[That's OK, so we will have the meeting at 10:00 in the morning on November 25th.]

Hǎo de,　wǒ zhīdào le,　xièxie!
好 的 ， 我 知道 了 ，谢谢 ！
[OK, good. Thank you!]

Passage / 短文 50%

Wǒ shí'èryuè èrshíyī hào qù Rìběn chūchāi,
我 十二月 二十一 号 去 日本 出差 ，
shí'èryuè èrshísì hào huí Běijīng,　shí'èryuè èrshíwǔ
十二月 二十四 号 回 北京 ， 十二月 二十五
hào shàngwǔ hé péngyou chīfàn,　xiàwǔ xiūxi.
号 上午 和 朋友 吃饭 ， 下午 休息。
Èrshíliù hào hěn máng,　shàngwǔ qù　　　gōngsī
二十六 号 很 忙 ， 上午 去 CTI 公司
jiàn Lǐ jīnglǐ,　zhōngwǔ qù yínháng,　xiàwǔ jiàn
见 李 经理 ， 中午 去 银行 ， 下午 见
Gāo jīnglǐ hé Wáng mìshū, wǎnshang yě gōngzuò.
高 经理 和 王 秘书 ， 晚上 也 工作 。

[n.]
十二月 | December

[prep.]
和 | with

[v.]
吃饭 | have breakfast/
lunch/dinner

[n.]
中午 | noon; midday;
noonday

[conj.]
和 | and

I am going to Japan on business on the 21st of December and coming
back to Beijing on the 24th. On the morning of the 25th, I will have
breakfast with some friends and then take the afternoon off. I will be
very busy on the 26th, I have a meeting with Mr Li in the morning,
go to the bank at noon and then meet Mr Gao and Miss Wang in the
afternoon. I then have to work in the evening, too.

Words and phrases / 词语

yuè
月 / [n.] month

hào
号 / [n.] date

kàn
看 / [v.] look; watch

hé
和 / [prep.] with
[conj.] and

chīfàn
吃饭 / [v.] have breakfast/
lunch/dinner

zhōngwǔ
中午 / [n.] noon; midday; noonday

yīyuè
一月 / [n.] January

èryuè
二月 / [n.] February

sānyuè
三月 / [n.] March

sìyuè
四月 / [n.] April

wǔyuè
五月 / [n.] May

liùyuè
六月 / [n.] June

qīyuè
七月 / [n.] July

bāyuè
八月 / [n.] August

jiǔyuè
九月 / [n.] September

shíyuè
十月 / [n.] October

shíyīyuè
十一月 / [n.] November

shí'èryuè
十二月 / [n.] December

Exercises / 练习 100%

1/ Substitution drills.

a /
Jīntiān yī yuè èr hào.
今天 一 月 二 号。

| sān 三 | wǔ 五 | bā 八 |
| sānshíyī 三十一 | shí'èr 十二 | èrshí'èr 二十二 |

b /

Wáng xiānsheng, nǐ jǐ hào qù Běijīng?
王 先生 ，你 几号 去 北京 ？

Wǒ qīyuè yī hào qù Běijīng.
我 七月 一 号 去 北京 。

liùyuè jiǔ hào 六月 九 号	chūchāi 出差
shí'èryuè qī hào 十二月 七 号	kāihuì 开会
sìyuè èrshíbā hào 四月 二十八 号	huí gōngsī 回 公司

2/ Complete the following dialogues, using the words and sentence patterns you have learned.

| ...jǐ yuè jǐ hào? ...... 几月 几 号 ？ | Bú shì, shì... 不 是， 是 ...... |
| shì... ma? 是 ...... 吗 ？ | ..., kěyǐ ma? ......，可以 吗 ？ |

a / Mr Wang discusses his schedule with Miss Li.

Jīntiān jǐ yuè jǐ hào?
今天 几 月 几 号 ？

... , ... ?

... 。

... ?

... 。

Hǎo de, wǒ zhīdào le, xièxie!
好 的 , 我 知道 了 , 谢谢 !

b / Mr Wang wants to make a appointment with Mr Li, so he asks Mr Li's secretary about his schedule.

Qǐngwèn, Lǐ jīnglǐ jǐ hào qù Měiguó?
请问 , 李经理 几 号 去 美国 ？

Wǒ kàn yíxià...
我 看 一下 …… ... 。

... 。

... 。

... ?

... 。

wǒ zhīdào le, xièxiè.
... , 我 知道 了 , 谢谢 。

3/ Use the words and sentence patterns you have learned to make a work report to the manager about the following schedule.

Date	Time	Content
shíyuè èrshíbā rì 十月 二十八日	wǎnshang jiǔ diǎn 晚上 九 点	qù Měiguó chūchāi 去 美国 出差
shíyīyuè wǔ rì 十一月 五日	shàngwǔ shí diǎn 上午 十 点	huí gōngsī 回 公司
shíyīyuè shíjiǔ rì 十一月 十九日	xiàwǔ sì diǎn 下午 四 点	jiàn Mǎlì xiǎojiě 见 玛丽 小姐
shí'èryuè èrshísì rì 十二月 二十四日	wǎnshang qī diǎn 晚上 七 点	hé Wáng nǚshì chīfàn 和 王女士 吃饭

Jīnglǐ, nín hǎo! Nín shíyuè èrshíbā rì wǎnshang jiǔ diǎn qù
经理，您 好！您 十月 二十八日 晚上 九 点 去
Měiguó chūchāi.
美国 出差 。 …

　　　　　　　　　　　　　　　　　　　　　　　　　　　　。

4/ Use the words and sentence patterns you have learned to describe the important events in your schedule over the next few months.

　　…

11

bàngōngshì zài wǔlíngliù fángjiān

办公室在五零六房间

[The office is room 506]

Dialogues / 对话 25%

1

Wáng mìshū, Lǐ jīnglǐ de bàngōngshì zài nǎr?
王 秘书，李经理的 办公室 在 哪儿？
[Miss wang, where is maneger Li's office?]

> [n.]
> 办公室 | office

Zài wǔlíngliù fángjiān.
在 五零六 房间 。
[It's room 506.]

> [num.] [n.]
> 零 | zero 房间 | room

Xièxie, zàijiàn!
谢谢 ， 再见 !
[Thank you, bye!]

Bú kèqi, zàijiàn!
不 客气， 再见 !
[You're welcome, bye!]

> [adj.]
> 客气 | polite;
> courteous

2

Nín hǎo, xiānsheng! Huānyíng nín!
您 好， 先生 ! 欢迎 您!
[Hello, sir. Welcome!]

Nín hǎo! Wǒ shì Wáng Tiān, zhè shì wǒ de hùzhào.
您 好！我 是 王 天，这 是 我 的 护照 。
[Hi! I am Wang Tian.This is my passport.]

> [n.]
> 护照 | passport

Wáng xiānsheng, nín hǎo! Nín zhù zài sānlíngbā fángjiān.
王 先生 ，您 好！您 住 在 三零八 房间 。
[Hi, Mr Wang! Your room is 308.]

Hǎo de, xièxie! Zàijiàn!
好 的， 谢谢 ! 再见 !
[OK, thank you! Bye!]

Bú kèqi, zàijiàn!
不 客气， 再见 !
[You're welcome, bye!]

3

Nǐ hǎo, Lǐ xiānsheng!
你 好，李 先生 ！
[Hello, Mr Li!]

Zǎoshang hǎo, Wáng xiānsheng!
早上 好， 王 先生 ！
[Good morning, Mr Wang!]

Wǒmen jīntiān zài nǎr kāihuì?
我们 今天 在 哪儿 开会 ？
[Where are we having the meeting today?]

Zài Lǐ jīnglǐ de bàngōngshì.
在 李 经理 的 办公室 。
[In the office of Mr Li.]

Tā de bàngōngshì zài nǎr?
他 的 办公室 在 哪儿？
[Where is his office?]

Tā de bàngōngshì zài wǔlíngliù.
他 的 办公室 在 五零六 。
[It is 506.]

Hǎo de, xièxie!
好 的， 谢谢 ！
[OK, thank you!]

Bú kèqi!
不 客气 ！
[You're welcome!]

4

Wáng mìshū, xiàwǔ hǎo!
王 秘书 ，下午 好 ！
[Good afternoon, Secretary Wang!]

Xiàwǔ hǎo, Zhōu xiānsheng!
下午 好， 周 先生 ！
[Good afternoon, Mr Zhou!]

Qǐngwèn, Lǐ jīnglǐ zài ma?
请问 ，李 经理 在 吗？
[Excuse me, is Mr Li here?]

Zài zài bàngōngshì.
在 ，在 办公室 。
[Yes, he is in his office.]

Tā de bàngōngshì zài èrlíngyī ma?
他 的 办公室 在 二零一 吗 ？
[Is his office room 201?]

Bù, zài wǔlíngliù.
不 ， 在 五零六 。
[No, it's 506.]

Hǎo, xièxie!
好 ， 谢谢 ！
[OK, thanks!]

Bú kèqi!
不 客气 ！
[You're welcome!]

5

Wáng mìshū, wǒmen jīntiān jǐ diǎn kāihuì?
王 秘书 ， 我们 今天 几 点 开会 ？
[Miss Wang, when is the meeting today?]

Jīntiān xiàwǔ liǎng diǎn.
今天 下午 两 点 。
[2:00 in the afternoon.]

Zài nǎr kāihuì?
在 哪儿 开会 ？
[And where is it?]

Zài èrlíngliù huìyìshì.
在 二零六 会议室 。
[In meeting room 206.]

Míngtiān yě kāihuì ma?
明天 也 开会 吗 ？
[Do we have a meeting tomorrow, too?]

Shì de, míngtiān de huìyì zài èrlíngwǔ.
是 的， 明天 的 会议 在 二零五 。
[Yes, tomorrow's meeting is in room 205.]

Xièxie!
谢谢 ！
[Thank you!]

Bú kèqi!
不 客气 ！
[You're welcome!]

Passage / 短文 (50%)

Lǐ jīnglǐ, míngtiān de huìyì zài Jīngběi
李 经理， 明天 的 会议 在 京北
Bīnguǎn. Nín shàngwǔ zài èrlíngyī huìyìshì
宾馆 。您 上午 在 二零一 会议室
kāihuì, xiàwǔ zài wǔlíngwǔ jiàn yínháng de
开会 ， 下午 在 五零五 见 银行 的
Zhōu jīnglǐ. Wǎnshang nín zhù zài yīliùlíng'èr
周 经理。 晚上 您 住 在 一六零二
fángjiān.
房间 。

[n.]
宾馆 | hotel

[v.]
住 | live; stay; dwell

Mr Li, tomorrow's meeting is in the Jingbei Hotel. The meeting will be in room 201, and you will meet Manager Zhou from the bank in room 504. You will be staying in room 1602 for the evening.

Words and phrases / 词语 (75%)

bàngōngshì
办公室 / [n.] office

líng
零 / [num.] zero

fángjiān
房间 / [n.] room

kèqi
客气 / [adj.] polite; courteous

hùzhào
护照 / [n.] passport

bīnguǎn
宾馆 / [n.] hotel

zhù
住 / [v.] live; stay; dwell

Exercises / 练习 100%

1/ Substitution drills.

Lǐ jīnglǐ de bàngōngshì zài nǎr?

a / 李 经理 的 办公室 在 哪儿?

Wáng jīnglǐ
王 经理

Mǎlì
玛丽

Lǐ jīnglǐ zhù zài èrlíngsān fángjiān.

b / 李 经理 住 在 二零三 房间 。

Wáng jīnglǐ
王 经理

Mǎlì
玛丽

wǔ'èrliù
五二六

yī'èrsānwǔ
一二三五

2/ Complete the following dialogues, using the following words and sentence patterns you have learned.

...zài nǎr?	...zhù zài...	...zài...	bú kèqi
...... 在 哪儿?	...... 住 在	...... 在 ...	不 客气

a / Mr Wang wants to know where Miss Li and Wang's offices are.

Qǐngwèn, Lǐ jīnglǐ de bàngōngshì zài nǎr?
请问 ，李 经理 的 办公室 在 哪儿?

... 。

Wáng jīnglǐ de ne?
王 经理 的 呢?

... 。

Xièxie!
谢谢！

... 。

b / Mr Li wants to know the time and place of the meeting in the afternoon He asks his secretary, Miss Wang.

Qǐngwèn ,
请 问 , ... ?

Wǒ kàn yíxià
我 看 一下…… ... 。

... ?

Xiàwǔ liǎng diǎn.
下午 两 点 。

Hǎo de,   xièxie.
好 的, ...   , 谢谢 。

... 。

3/ Imagine you are the secretary. You have to arrange a hotel room for Mr Li (who is the guest of your company) and tell him the time and place of the meeting. Please use the words and sentence patterns you have learned.

Reception: 1201, Jingbei Hotel

Time: 3 : 30 pm

Place: meeting room 305

...

4/ Where is your office and where do you live? Please use the words and sentence patterns you have learned.

...

12

shénme shíhou jiànmiàn

什么时候见面

[When will we meet?]

Dialogues / 对话 25%

1

Lǐ jīnglǐ wǒmen shénme shíhou kāihuì?
李 经理, 我们 什么 时候 开会 ？
[Mr Li, when is the meeting this week?]

[pron.]		[n.]
什么	what	时候	moment; time; period

Xīngqīsān shàngwǔ jiǔ diǎn bàn.
星期三 上午 九 点 半 。
[9:00 in the morning on Wednesday.]

Zài èrlíngwǔ huìyìshì xíng ma?
在 二零五 会议室, 行 吗 ？
[In the meeting room 205, right?]

	[v.]
行	OK; all right; no problem

Xíng.
行 。
[OK.]

2

Xiànzài sān diǎn. Wǒmen wǔ diǎn jiànmiàn, xíng ma?
现在 三 点。我们 五 点 见面 ， 行 吗 ？
[It's 3:00 now. Could we meet at 5:00?]

Xíng, zài wǒ de bàngōngshì, xíng ma?
行 ，在 我 的 办公室 ， 行 吗 ？
[Sure, is it ok to meet in my office?]

Xíng, nín de bàngōngshì zài nǎr?
行 ，您 的 办公室 在 哪儿？
[OK, where is your office?]

Zài èrlíngyī.
在 二零一 。
[Room 201.]

Hǎo de wǔ diǎn jiàn!
好 的, 五 点 见 ！
Fine, see you at 5:00!

[v.]
见面 | meet

3

Wǒmen jǐ diǎn jiànmiàn?
我们 几点 见面？
[At what time shall we meet?]

Wǒmen xiàwǔ liǎng diǎn jiànmiàn, xíng ma?
我们 下午 两点 见面， 行 吗？
[2:00 in the afternoon, is that OK?]

Bù xíng. Wǒ liǎng diǎn kāihuì. Sān diǎn bàn xíng ma?
不 行。我 两点 开会。三 点 半 行 吗？
[No. I have a meeting at that time. Is 3:30 OK?]

Xíng, zàijiàn!
行 ， 再见！
[Fine, see you later!]

Zàijiàn!
再见 ！
[See you!]

4

Wáng xiǎojiě, xiàwǔ hǎo!
王 小姐， 下午 好！
[Good afternoon, Ms Wang!]

Xiàwǔ hǎo, Lǐ xiānsheng!
下午 好， 李 先生！
[Good afternoon, Mr Li!]

Qǐngwèn, Wáng jīnglǐ zài ma?
请问 ， 王 经理 在 吗？
[Excuse me, is Mr Wang here?]

Duìbuqǐ, tā bú zài, tā chūchāi le.
对不起， 他 不 在， 他 出差 了。
[Sorry, he is not here. He is on business.]

Tā shénme shíhou huílái?
他 什么 时候 回来？
[When will he come back?]

Shíyuè èr hào ba.
十月 二 号 吧。
[Maybe the 2nd of October.]

Nà wǒ xīngqīwǔ xiàwǔ liǎng diǎn bàn lái jiàn tā, xíng ma?
那 我 星期五 下午 两 点 半 来 见 他 ， 行 吗 ？
[Could I come to meet him at 2:30 pm this Friday?]

Wǒ kàn yíxià ... Kěyǐ.
我 看 一下……可以。
[Let me see...Sure.]

Hǎo de, xièxie.
好 的 ， 谢谢 。
[OK, thank you.]

5

Wèi, Lǐ xiānsheng, nǐ hǎo!
喂 ， 李 先生 ， 你 好 ！
[Hello, Mr Li!]

Nǐ hǎo, Wáng xiǎojiě!
你 好 ， 王 小姐 ！
[Hello, Miss Wang!]

Lǐ xiānsheng, wǒmen zhè zhōu shénme shíhou jiànmiàn?
李 先生 ， 我们 这 周 什么 时候 见面 ？
[Mr Li, when shall we meet this week?]

Bāyuè shí'èr hào shàngwǔ shí diǎn, xíng ma?
八月 十二 号 上午 十 点 ， 行 吗 ？
[August 12th, at 10:10 am. Is that OK?]

Xíng.
行 。
[Fine.]

Zài wǒ de bàngōngshì, xíng ma?
在 我 的 办公室 ， 行 吗 ？
[In my office?]

Hǎo de, nín de bàngōngshì zài nǎr?
好 的 ， 您 的 办公室 在 哪儿 ？
[OK. Where is your office?]

Wǒ de bàngōngshì zài sānlíngyī.
我 的 办公室 在 三零一 。
[My office is in room 301.]

Hǎo, xièxie.
好 ， 谢谢 。
[OK, thank you.]

Passage / 短文 50%

nián yuè rì　xīngqīsān tiānqì
2014 年 4 月 30 日　星期三　天气: ☀

[n.] [n.]
年 | year 日 | day; date

Jīntiān shàngwǔ jiǔ diǎn, wǒ jiànle
今天　上午　九点，我　见了
Wáng xiānsheng. Zhōngwǔ zài tāmen gōngsī
王　先生。中午　在 他们　公司
chīle fàn. Xiàwǔ liǎng diǎn qù bīnguǎn
吃了 饭。下午　两　点 去　宾馆
jiànle Shānkǒu xiānsheng. Wǔ diǎn xiàbān.
见了　山口　先生　。五 点　下班。
Míngtiān zhōngwǔ hé Mǎlì xiǎojiě jiànmiàn,
明天　中午　和玛丽　小姐　见面，
xiàwǔ yǒu liǎng gè huìyì, bù zhīdào shénme
下午 有　两 个 会议，不　知道　什么
shíhou xiàbān. Zhēn máng!
时候　下班。真　忙 ！

[v.]
有 | have

I went to see Mr Wang at 9:00 this morning. I had lunch at
their company. I went to the Hotel to meet Mr Yamaguchi at
2:00 this afternoon. I was off work at 5:00 in the afternoon.
Tomorrow I will meet Miss Mary at noon, and I have two
meetings in the afternoon. I don't know when I will get off
work. What a busy day!

Words and phrases / 词语

shénme
什么 / [pron.] what

shíhou
时候 / [n.] moment; time; period

xíng
行 / [v.] OK; all right; no problem

jiànmiàn
见面 / [v.] meet

nián
年 / [n.] year

rì
日 / [n.] day; date

yǒu
有 / [v.] have

Exercises / 练习 100%

1/ Substitution drills.

Wǒmen liù diǎn jiànmiàn.
a / 我们 六 点 见面 。

xiàwǔ sān diǎn
下午 三 点

wǎnshang qī diǎn
晚上 七 点

yǒu gè huìyì
有 个 会议

chīfàn
吃饭

Wǒmen zài bàngōngshì jiànmiàn, xíngma?

b / 我们 在 办公室 见面 ，行吗 ？

yínháng
银行

jiǔlíngbā fángjiān
九零八 房间

nǐmen gōngsī
你们 公司

2/ Complete the following dialogues, using the following words and sentence patterns you have learned.

shénme shíhou...	...yǒu...	xíng
什么 时候……	…… 有……	行

a / Mr Li and Ms Wang are talking about Mr Li's agenda.

nián yuè hào	
2015 年 3 月 12 号	
9：00 —11：00	bàngōngshì 办公室 （305）
12：00 —13：00	hé Wáng mìshū chīfàn 和 王 秘书 吃饭
14：30 —16：30	bīnguǎn jiàn Shānkǒu jīnglǐ 宾馆 见 山口 经理
nián yuè hào 2015 年 3 月 13 号	Měiguó chūchāi 美国 出差

Wáng mìshū,　Lǐ jīnglǐ jīntiān shàngwǔ zài bàngōngshì ma?
王　秘书，李 经理 今天　上午　在　办公室　吗？

... 。

Tā de bàngōngshì zài nǎr?
他 的　办公室　在 哪儿？

... 。

Tā jīntiān xiàwǔ qù nǎr?
他 今天　下午　去 哪儿？

... 。

b /　Mr Li and Ms Wang needed to finalise the meeting time.

Wáng xiǎojiě,
王　小姐，...　？

... 。

... ？

... 。

xíng ma ?
...　, 行　吗 ？

... 。

3/ The manager is going to meet some guests these days. please tell him the arrangement.

Day/Date	Time	Place	Content
xīngqīyī 星期一	9:00 am	èrlíngyī fángjiān 二零一 房间	hé Wáng jīnglǐ jiànmiàn 和 王 经理 见面
	3:30 pm	Lǐ jīnglǐ de bàngōngshì 李 经理 的 办公室	hé Lǐ nǚshì jiànmiàn 和李 女士 见面
xīngqī'èr 星期二	2:30 pm	bīnguǎn sìlíngwǔ fángjiān 宾馆 四零五 房间	hé Zhōu xiānsheng jiànmiàn 和 周 先生 见面
xīngqīsì 星期四	1:00 pm	sānlíngjiǔ fángjiān 三零九 房间	kāihuì 开会

...

4/ Talk about your most busy working day, please use the words and sentence patterns you have learned.

...

13

qǐng gěi wǒ dǎ diànhuà

请给我打电话

[Please give me a call]

Dialogues / 对话 25%

1

Nà wèi shì shéi?
那 位 是 谁 ?
[Who is that ?]

Tā jiào Mǎlì, zài wǒmen gōngsī gōngzuò.
她 叫 玛丽, 在 我们 公司 工作 。
[She is Mary. She works in our company.]

Tā de shǒujī hàomǎ shì duōshao?
她 的 手机 号码 是 多少 ?
[What is her phone number?]

> [n.]
> 手机 | mobile phone

Duìbuqǐ, wǒ bù zhīdào.
对不起 , 我 不 知道 。
[I'm afraid that I don't know.]

> [n.]
> 号码 | number

2

Mǎlì, huānyíng nǐ lái wǒmen gōngsī.
玛丽, 欢迎 你 来 我们 公司 。
[Marry, welcome to join our company.]

Xièxie nǐ, Wáng mìshū.
谢谢 你, 王 秘书 。
[Thanks, Mr Wang.]

Nǐ de diànhuà hàomǎ shì duōshao?
你 的 电话 号码 是 多少 ?
[What is your phone number?]

> [n.]   [pron.]
> 电话 | phone   多少 | how many; how much

010-38458906.

Hǎo de, wǒ zhīdào le. Xièxie.
好 的, 我 知道 了。 谢谢 。
[OK, I see. Thanks.]

Bú kèqi.
不 客气。
[You are welcome.]

3

Zǎoshang hǎo, Wáng mìshū, Zhōu xiānsheng zài ma?
早上 好 ，王 秘书，周 先生 在 吗 ？
[Good morning Ms Wang. Is Mr Zhou there?]

Zǎoshang hǎo, Lǐ jīnglǐ, Zhōu xiānsheng chūchāi le.
早上 好 ，李 经理，周 先生 出差 了 。
[Good morning Mr Li. Mr Zhou is on business trip.]

Wǒ gěi tā dǎ gè diànhuà, kěyǐ ma?
我 给 他 打 个 电话 ，可以 吗 ？
[May I give him a call?]

	[prep.]	[v.]
给	for	hand over; give

Kěyǐ, nín yǒu tā de diànhuà hàomǎ ma?
可以 ，您 有 他 的 电话 号码 吗 ？
[OK, do you know the number ?]

	[v.]
打	make (a call)

Tā de diànhuà hàomǎ shì ma?
他 的 电话 号码 是 18515055950 吗 ？
[His number is 18515055950, right?]

Shì de.
是 的 。
[Right.]

Hǎo de, wǒ xiànzài gěi tā dǎ diànhuà.
好 的 ，我 现在 给 他 打 电话 。
[OK, I call him right now.]

4

Lǐ jīnglǐ, Gāo xiānsheng zhōusān lái gōngsī jiàn nín.
李 经理，高 先生 周三 来 公司 见 您 。
[Mr Li, Mr Gao will meet you on Wednesday.]

Wǒ zhōusān chūchāi, qǐng tā jīntiān lái gōngsī ba.
我 周三 出差 ，请 他 今天 来 公司 吧 。
[I have a business trip on Wednesday. You can ask him to come today.]

Hǎo de, wǒ xiànzài gěi tā dǎ diànhuà.
好 的 ，我 现在 给 他 打 电话 。
[OK, I will call him right now.]

Wǒ gěi tā dǎ ba, tā de diànhuà hàomǎ shì duōshao?
我 给 他 打 吧 ，他 的 电话 号码 是 多少 ？
[Let me call him. What is his number?]

Gěi nín, zhè shì tā de míngpiàn.
给 您 ，这 是 他 的 名片 。
[Here you are. This is his business card.]

Hǎo de, nǐ qù máng ba.
好 的 ，你 去 忙 吧 。
[OK. Don't let me keep you from your work.]

5

Wǎnshang hǎo, nín guìxìng?
晚上 好 ，您 贵 姓 ？
[Good evening. May I have your last name?]

Nín hǎo, wǒ xìng Lǐ.
您 好 ，我 姓 李 。
[Good evening. My last name is Li.]

Lǐ xiǎojiě, nǐ hǎo, zhè shì wǒ de míngpiàn.
李 小姐 ，你 好 ，这 是 我 的 名片 。
[Ms Li, nice to meet you. This is my card.]

Duìbuqǐ, wǒ méiyǒu míngpiàn.
对不起 ，我 没有 名片 。
[Sorry, I don't have any business cards.]

> [v.]
> 没有 | not have

Nín de diànhuà hàomǎ shì duōshao?
您 的 电话 号码 是 多少 ？
[What is your phone number?]

zhè shì wǒ de shǒujī hàomǎ.
18860926912, 这 是 我 的 手机 号码 。
[18860926912 is my mobile number.]

Hǎo de, xièxie.
好 的 ，谢谢 。
[OK. Thanks.]

Passage / 短文 (50%)

Wǒ xìng Lǐ, jiào Lǐ Míng. Wǒ shì Hánguórén, zài gōngsī
我 姓 李 ，叫 李 明 。我 是 韩国人 ，在 CTI 公司
gōngzuò. Wǒ lái Zhōngguó chūchāi, zhù zài Jīngběi Bīnguǎn de
工作 。我 来 中国 出差 ，住 在 京北 宾馆 的
sānlíngwǔ fángjiān. Wǒ de bàngōng diànhuà shì
三零五 房间 。我 的 办公 电话 是 010-56078579,
wǒ de shǒujī hàomǎ shì Qǐng gěi wǒ dǎ diànhuà.
我 的 手机 号码 是 18510481396。请 给 我 打 电话 。

My surname is Li and my full name is Li Ming. I am Korean and work in CTI. I've come to China for a business trip and am staying in room 304 of the Jingbei Hotel. My office phone number is 010-56078579, and my mobile phone number is 18510481396. Please give me a call.

Words and phrases / 词语 75%

shǒujī 手机 / [n.] mobile phone	hàomǎ 号码 / [n.] number
diànhuà 电话 / [n.] phone	duōshao 多少 / [pron.] how many; how much
gěi 给 / [prep.] for [v.] hand over;give	dǎ 打 / [v.] make (a call)
méiyǒu 没有 / [v.] not have	

Exercises / 练习 100%

1/ Substitution drills.

Wǒ de diànhuà hàomǎ shì
a / 的 电话 号码 是 010-88340673。

tā 他	15811740963
Lǐ mìshū 李 秘书	021-80234579
Zhōngguó yínháng 中国 银行	95566

Qǐng gěi wǒ dǎ diànhuà.
b / 请 给 我 打 电话。

tā 他	Lǐ mìshū 李 秘书
	Wáng jīnglǐ 王 经理

2/ Complete the following dialogues, using the words and sentence patterns you have learned.

a / Mr Wang and Miss Li want to know each other's phone number.

> ...de diànhuà hàomǎ shì duōshao
> ……的 电话 号码 是 多少
>
> gěi... dǎ diànhuà
> 给…… 打 电话

Nín hǎo
您 好, ... ?

13566972340, ... ?

... 18654542379。

Hǎo de, wǒ zhīdào le.
好 的, 我 知道 了。

b / Mr Wang wants to know Mr Zhou's telephone number. He askes his secretary, Miss Li.

... ?

010-86384429, ... 。

... ?

13566972340。

...　　　　　　　　　　　　　　　　　　　　　　　　　。

3/ Imagine you are going to China on a business trip, leave a voice message for your Chinese friend to contact you, please use the words and sentence patterns you have learned.

...

4/ Introduce yourself to your new colleague. Please use the words and sentence patterns you have learned.

...

14

zuò   chūzūchē
坐出租车
[taking a taxi]

Dialogues / 对话 25%

1

Nín hǎo,   nín qù nǎr?
您 好，您去 哪儿？
[Hello, where would you like to go?]

Nǐ hǎo,   wǒ qù Běijīng Yīyuàn.
你 好，我 去 北京 医院。
[Hello, I want to go to Beijing Hospital.]

Hǎo de.
好 的。
[OK.]

The taxi is moving...

Yīyuàn dào le,   sìshí kuài qián.
医院 到 了，四十 块 钱。
[We're at the hospital. It's 40 kuai.]

Gěi nín qián,   xièxie,   zàijiàn.
给 您 钱，谢谢，再见。
[Here you are. Thanks. Goodbye.]

Zàijiàn.
再见 。
[Bye.]

2

Nín hǎo,   nín qù nǎr?
您 好，您去 哪儿？
[Hello. Where are you going?]

Nǐ hǎo,   qǐng sòng wǒ qù jīchǎng.
你 好，请 送 我 去 机场。
[Hello. Please take me to the airport.]

[n.]
医院 | hospital

[v.]
到 | arrive; reach

[mw.]
块 | kuai, RMB yuan

[n.]
钱 | money

[v.]
送 | Take; send

[n.]
机场 | airport

The taxi is moving...

Jīchǎng dào le, yībǎi sānshíliù yuán.
机场 到 了，一百 三十六 元 。
[We're at the airport. It's 136 yuan.]

[mw.]
元 | yuan, *unit of RMB*

Gěi nín liǎng zhāng yībǎi de.
给 您 两 张 一百 的 。
[Here is 200 yuan.]

[mw.]
张 | used for paper, bed, table, face, etc.

[num.]
百 | hundred

Zhǎo nín liùshísì yuán, zàijiàn.
找 您 六十四 元 ， 再见 。
[Here is 64 yuan. Goodbye.]

[v.]
找 | give change

Xièxie, zàijiàn.
谢谢 ， 再见 。
[Thanks. Bye.]

3

Lǐ xiānsheng, zuò chūzūchē
李 先生 ， 坐 出租车
qù yínháng duōshao qián?
去 银行 多少 钱 ？
[Mr Li, do you know how much it costs to get to the bank by taxi?]

[v.]
坐 | take; travel

[n.]
出租车 | taxi

Wǔshí kuài.
五十 块 。
[50 yuan.]

Wǔshí kuài qián? Zhēn guì.
五十 块 钱 ？ 真 贵 。
[50 yuan? That's too expensive.]

[adj.]
贵 | expensive; costly

Wǒ qù yínháng zhǎo Gāo xiānsheng, wǒ sòng nín qù.
我 去 银行 找 高 先生 ， 我 送 您 去 。
[I am going to the bank to meet Mr Gao. I will take you there.]

[v.]
找 | seek; look for

Tài hǎo le, xièxie nín.
太 好 了，谢谢 您 。
[Great! Thank you!]

4

Nín hǎo, Lǐ xiǎojiě ma?
您 好 ，李 小姐 吗 ？
[Hello, is Miss Li speaking?]

Shì de. Nǐ shì...
是 的。你 是 ……
[Yes. Who is this?]

Wǒ shì chūzūchē gōngsī de, wǒ xiàwǔ sān diǎn sòng nín
我 是 出租车 公司 的，我 下午 三 点 送 您
qù jīchǎng, kěyǐ ma?
去 机场 ，可以 吗 ？
[I'm an employee of the taxi company. Could I take you to the airport at 3:00 pm?]

Bù xíng, wǒ péngyou de fēijī sān diǎn bàn dào,
不 行 ，我 朋友 的 飞机 三 点 半 到 ，
[I'm afraid not. My friend's flight will arrive at 3:30.]

sān diǎn qù tài wǎn le.
三 点 去 太 晚 了。
[3:00pm is too late.]

Nà wǒ liǎng diǎn sòng nín qù jīchǎng, kéyǐ ma?
那 我 两 点 送 您 去 机场 ，可以 吗 ？
[Well, could I take you at 2 o'clock?]

Hǎo de. Xièxie.
好 的。谢谢 。
[OK. Thanks.]

5

Nín hǎo, wǒ jiào yí liàng chūzūchē.
您 好，我 叫 一 辆 出租车 。
[Hello. I want to book a taxi, please.]

[mw.]
辆 | used for automobiles

Hǎo de, xiānsheng, shénme shíhou?
好 的， 先生 ， 什么 时候 ？
[OK, sir. What time?]

Míngtiān xiàwǔ sān diǎn. Wǒ zài Jīngběi Bīnguǎn.
明天 下午 三 点 。我 在 京北 宾馆 。
[3:00pm tomorrow. I'm in the Jingbei Hotel.]

Nín qù nǎr?
您 去 哪儿？
[Where would you like to go?]

Wǒ qù jīchǎng.
我 去 机场 。
[I want to go to the airport.]

Hǎo de, qǐngwèn nín de diànhuà hàomǎ shì duōshao?
好 的, 请 问 您 的 电话 号码 是 多少 ？
[OK. What's your phone number?]

15111223344。

Xiānsheng, nín guìxìng?
先生 ， 您 贵姓 ？
[Sir, may I have your last name?]

Wǒ xìng Lǐ.
我 姓 李。
[My surname is Li.]

Hǎo de, Lǐ xiānsheng, míngtiān xiàwǔ sān diǎn,
好 的, 李 先生 ， 明天 下午 三 点 ，
[OK, Mr Li, let me check your information, 3:00 pm tomorrow,]

Jīngběi Bīnguǎn dào jīchǎng, nín de diànhuà hàomǎ shì
京北 宾馆 到 机场 ， 您 的 电话 号码 是
15111223344。
[from the Jingbei Hotel to the airport, your phone number is 15111223344.]

Shì de, xièxie, zàijiàn.
是 的, 谢谢, 再见 。
[Correct. Thanks! Bye.]

Passage / 短文 50%

Nín hǎo, wǒ xiànzài zài Běijīng Yīyuàn, xiàwǔ sì diǎn
您 好, 我 现在 在 北京 医院 ， 下午 四 点
qù jīchǎng, nín kěyǐ sòng wǒ ma? Wǒ de diànhuà hàomǎ shì
去 机场 ， 您 可以 送 我 吗？ 我 的 电话 号码 是
wǒ xìng Lǐ, qǐng gěi wǒ dǎ diànhuà. Xièxie,
15234234231, 我 姓 李, 请 给 我 打 电话 。 谢谢,
zàijiàn!
再见 ！

Hello, I'm in the Beijing Hospital. I want to go to the airport at 4:00 pm. Could you please take me there? My telephone number is 15234234231. My surname is Li. Please give me a call. Thanks, goodbye!

Words and phrases / 词语

yīyuàn
医院 / [n.] hospital

dào
到 / [v.] arrive; reach

kuài
块 / [mw.] kuai, RMB yuan

qián
钱 / [n.] money

sòng
送 / [v.] Take; send

jīchǎng
机场 / [n.] airport

yuán
元 / [mw.] yuan, *unit of RMB*

zhāng
张 / [mw.] *used for paper, bed, table, face, etc.*

bǎi
百 / [num.] hundred

zhǎo
找 / [v.] give change
[v.] seek; look for

chūzūchē
出租车 / [n.] taxi

guì
贵 / [adj.] expensive; costly

liàng
辆 / [mw.] *used for automobiles*

Exercises / 练习 100%

1/ Substitution drills.

Qǐng sòng wǒ qù　　gōngsī.
a / 请 送 我 去 CTI 公司 。

jīchǎng　　　yínháng　　　yīyuàn
机场　　　　银行　　　　医院

b / Yīyuàn dào le,　sìshísān kuài qián.
医院 到 了, 四十三 块 钱 。

jīchǎng 机场	yībǎi bāshíwǔ 一百 八十五
yínháng 银行	èrshíjiǔ 二十九
yīyuàn 医院	liùshí'èr 六十二

c / Zhǎo nín èrshíyī yuán
找 您 二十一 元 。

| sānshíwǔ 三十五 | sìshíliù 四十六 |

2/ Complete the following dialogues, using the words and sentence patterns you have learned.

nín qù nǎr 您 去哪儿		qǐng sòng wǒ qù······ 请 送 我 去 ······	
...qù... ······去······	...dào le ······ 到 了	gěi nín... 给 您 ······	zhǎo nín... 找 您 ······

a / Mr Wang is a taxi driver. Miss Li hails his car to go to the airport.

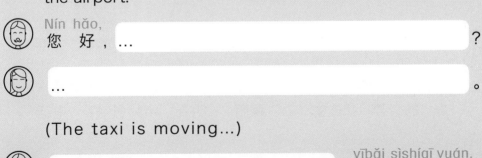

Nín hǎo,
您 好 , ... ?

... 。

(The taxi is moving...)

yībǎi sìshíqī yuán.
... , 一百四十七 元 。

Hǎo de,
好 的 , ...

...　　　　　　　　　　　　　　　　　　　　　wǔshísān yuán.
五十三 元。

Xièxie.
谢谢。

b / Li Tian wants to call a taxi to the Beijing Hospital.

Nín hǎo,　wǒ jiào yí liàng chūzūchē.
您 好，我 叫 一 辆 出租车。

Hǎo de,　xiānsheng,
好 的，　先生 ，...　　　　　　　　　　　　？

...　　　　　　　　　　　　　　　　　　　　　，

wǒ zài
我 在 ...　　　　　　　　　　　　　　　。

...　　　　　　　　　　　　　　　　　　　　？

...　　　　　　　　　　　　　　　　　　　　。

...　　　　　　　　　　　　　　　　　　　　？

...　　　　　　　　　　　　　　　　　　　　。

...　　　　　　　　　　　　　　　　　　　　。

...　　　　　　　　　　　　　　　　　　　　。

Hǎo de,　Lǐ xiānsheng,　wǒmen míngtiān gěi nín dǎ diànhuà.
好 的，李 先生 ，我们 明天 给 您 打 电话。

...　　　　　　　　　　　　　　　　　　　　。

3/ Mary wants to leave a voice message for a taxi driver. What could she say? Please use the words and sentence patterns you have learned.

> 1:30 pm on Thursday
> From Beijing Bank to the airport
> Tel: 18713450978

...

4/ Call a taxi for yourself. Please using the words and sentence patterns you have learned.

...

15

zuò diàntī
坐电梯
[Taking the elevator]

Dialogues / 对话 25%

1

Nín hǎo, qǐngwèn gōngsī zài jǐ céng?
您 好 , 请问 CTI 公司 在 几 层 ？
[Excuse me, which floor is the CTI on?]

[mw.]
层 | floor; layer

Wǔ céng.
五 层 。
[It is on the fifth floor.]

2

Lǐ mìshū, nǐ qù jǐ céng?
李 秘书，你 去 几 层 ？
[Miss Li, which floor are you going to?]

Bā céng, xièxie!
八 层 , 谢谢 !
[The eighth floor. Thank you!]

Bú kèqi!
不 客气 !
[You are welcome!]

Jīntiān de tiānqì zhēn hǎo, bù lěng bú rè.
今天 的 天气 真 好 , 不 冷 不 热。
[Today is a good day. It is not too cold or too hot.]

Shì a! Bā céng dào le, zàijiàn!
是 啊 ! 八 层 到 了 , 再见 !
[Yeah. Oh, This is the eighth floor. Bye!]

[int.]
啊 | used after a sentence to indicate the mood

Zàijiàn!
再见 !
[Bye!]

3

Wáng jīnglǐ, nín qù jǐ céng?
王　经理，您去几层？
[Which floor are you going to, Mr Wang?]

Shíwǔ céng. Nǐ gěi Wáng xiānsheng dǎ gè diànhuà,
十五　层。你给王　先生　打个　电话，
zhōu'èr kěyǐ jiànmiàn.
周二　可以　见面。
[Oh, the fifteenth floor. Please give Mr Wang a phone call and tell him we can meet Tuesday.]

Hǎo, zài nǎr jiànmiàn?
好，在哪儿　见面？
[OK, where should he meet you?]

Wǒmen gōngsī ba.
我们　公司　吧。
[My company.]

Hǎo de.
好　的。
[OK.]

Shíwǔ céng dào le, zàijiàn!
十五　层到了，再见！
[Oh, this is the fifteenth floor,bye!]

Zàijiàn!
再见！
[Bye!]

4

Nín hǎo, huānyíng nín lái Jīngběi Bīnguǎn.
您好，欢迎　您来京北　宾馆。
[Hello,welcome to the Jingbei Hotel.]

Nín hǎo! Zhè shì wǒ de hùzhào.
您好！这是我的护照。
[Hello! This is my passport.]

Hǎo de, nín de fángjiān shì liùlíngsān
好　的,您的房间是六零三。
[Yes,your room is 603.]

Shì liù céng ma?
是六层吗？
[Is it on the sixth foor?]

Shì de   nín kěyǐ zuò èr hào diàntī.
是 的，您 可以 坐 二 号 电梯。
[Yes, you can take the number two elevator.]

电梯 | elevator [n.]

Diàntī zài nǎr?
电梯 在 哪儿？
[Excuse me, where is the elevator?]

Zài zhèr,   qǐng!
在 这儿， 请 ！
[Just here, please!]

Xièxie!
谢谢 ！
[Thank you!]

Zàijiàn!
再见 ！
[Bye!]

5

Hǎojiǔ bú jiàn,   Lǐ jīnglǐ!
好久 不 见，李 经理！
[Long time no see, Mr Li!]

Hǎojiǔ bú jiàn,   Wáng jīnglǐ, nín qù jǐ céng?
好久 不 见， 王 经理，您 去 几 层 ？
[Long time no see, Mr Wang, which floor are you going to?]

Èrshísān céng,   gōngzuò máng ma?
二十三 层， 工作 忙 吗 ？
[The 23th floor. Are you busy recently?]

Máng!   Shíwǔ hào hé Mǎlì qù Měiguó chūchāi,
忙 ！ 十五 号 和 玛丽去 美国 出差 ，
tā de bàngōngshì shì zài èrshísān céng ba?
她 的 办公 室 是 在 二十三 层 吧？
[Yes, I went on a business trip to the US on the 15th with Mary. By the way, is her office on the 23th floor?]

Mǎlì?   Tā de bàngōngshì zài èrshí'èr céng.
玛丽？ 她 的 办公室 在 二十二 层 。
[Mary? Her office is on the 22nd floor.]

Shì ma?
是 吗 ？
[Are you sure?]

Shì a,   wǒ yě zài èrshí'èr céng, èrshí'èr céng dào le.
是 啊，我 也 在 二十二 层 ， 二十二 层 到 了。
[Yes, I am on the 22nd too. Oh we are here.]

Xièxie!
谢谢 ！
[Thank you very much!]

Bú kèqi!
不 客气!
[You are welcome!]

Passage / 短文 50%

Wáng Huān, nǐ hǎo, huānyíng nǐ! Wǒ shì Lǐ Tiān,
王　欢，你 好， 欢迎 你! 我 是 李 天，
Wáng jīnglǐ de mìshū. Wǒ gěi nǐ jièshào yíxià, wǒmen gōngsī zài
王　经理 的 秘书。我 给 你 介绍 一下， 我们 公司 在
yī dào shí céng, jīnglǐ de bàngōngshì zài liù céng. Zhèr liǎng gè
一 到 十 层，经理 的 办公室 在 六 层。这儿 两 个
diàntī, yī dào wǔ céng kěyǐ zuò yī hào diàntī, liù dào shí céng
电梯， 一 到 五 层 可以 坐 一 号 电梯，六 到 十 层
kěyǐ zuò èr hào diàntī.
可以 坐 二 号 电梯。

Hello, Wang Huan, welcome to our company! I am Li Tian, Mr Wang's secretary. Please let me introduce our company to you. We are on the 1st to the 10th floors. The manager's office is on the 6th floor. Here are two elevators: to reach the 1st to 5th floor used the first elevator, and use the second elevator to go to the 6th to 10th floors.

Words and phrases / 词语 75%

céng
层 / [mw.] floor; layer

a
啊 / [int.] used after a sentence to indicate the mood

diàntī
电梯 / [n.] elevator; lift

Exercises / 练习 (100%)

1/ Substitution drills.

Bā céng dào le.

a / 八 层 到 了。

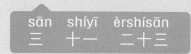

sān	shíyī	èrshísān
三	十一	二十三

Mǎlì de bàngōngshì zài jiǔ céng.

b / 玛丽 的 办公室 在 九 层 。

wǒ	qī
我	七
jīnglǐ	wǔ
经理	五
mìshū	shíbā
秘书	十八

Nín kěyǐ zuò yī hào diàntī dào shí'èr céng.

c / 您 可以 坐 一 号 电梯 到 十二 层 。

sì	qī
四	七
sān	wǔ
三	五
shíbā	yībǎi líng yī
十八	一百 零 一

2/ Complete the dialogues, using the words and phrases you have learned.

...dào ... céng	...dào le	zài... céng
……到 …… 层	……到 了	在…… 层

a / Mr Li is checking-in at the front desk of the hotel. The following dialogue is between him and the staff.

Nín hǎo,　　　　　　　　　　　　　　　　　Jīngběi Bīnguǎn.
您 好 ,...　　　　　　　　　　　　　　　京北　宾馆 。

Nín hǎo,
您 好 ,...　　　　　　　　　　　　　　　　　　　　　。

Hǎo de,
好 的 ,...　　　　　　　　　　　　　　　　　　　　　。

...　　　　　　　　　　　　　　　　　　　　　　　　　　?

Shì de,　nín kěyǐ
是 的 , 您可以 ...　　　　　　　　　　　　　　　　　。

...　　　　　　　　　　　　　　　　　　　　　　　　　　?

Zài zhèr,　qǐng!
在 这儿, 请 !

Zàijiàn!
再见 !

Zàijiàn!
再见 !

b / This is the first time Mr Wang has been to this company. Now he is at the front desk. The following dialogue is between him and Miss Li.

Nǐ hǎo, qǐngwèn gōngsī zài jǐ céng?
你 好 ， 请问 CTI 公司 在 几 层 ？

… 。

Jīnglǐ de bàngōngshì zài jǐ céng?
经理 的 办公室 在 几 层 ？

… 。

… ?

… 。

Xièxie nǐ.
谢谢 你。

Bú kèqi!
不 客气!

3/ You are a secretary and will introduce your company to new staff. What would you say? Please try to speak using the following hints.

gōngsī: yī dào shíwǔ céng
a / 公司：一 到 十五　层

jīnglǐ de bàngōngshì: shí céng
b / 经理 的　办公室　：十　层

diàntī: yī,　èr,　sān hào
c / 电梯：一、二、三　号

yī hào diàntī: yī dào wǔ　céng
　　一 号　电梯：一 到 五　层

èr hào diàntī: liù dào shí　céng
　　二 号　电梯：六 到 十　层

sān hào diàntī: yī dào shíwǔ céng
　　三 号　电梯：一 到 十五 层

...

16

Dialogues / 对话

1

Zhè shì shéi?
这 是 谁？
[Who is this?]

Wǒ de zuǒbian shì Mǎlì.
我 的 左边 是 玛丽。
[On my left is Mary.]

> [n.]
> 左边 | left; the left side

Nǐ de yòubian shì shéi?
你 的 右边 是 谁？
[Who is on you right?]

> [n.]
> 右边 | right; the right side

Wǒ de yòubian shì Shānkǒu xiānsheng.
我 的 右边 是 山口 先生 。
[Mr Yamaguchi is on my right.]

2

Qiánmian nà jǐ wèi shì shéi?
前面 那 几 位 是 谁？
[Who are those people in front of you?]

> [n.]
> 前面 | in front of;
> at the head;
> ahead

Zuǒbian shì Lǐ jīnglǐ, yòubian shì Zhōu xiānsheng.
左边 是 李 经理， 右边 是 周 先生 。
[On the left is Mr Li and on the right is Mr Zhou.]

Lǐ jīnglǐ hòumian shì shéi?
李 经理 后面 是 谁？
[Who is this behind Mr Li?]

> [n.]
> 后面 |behind;
> at the back;
> in the rear

Hòumian shì Wáng mìshū.
后面 是 王 秘书。
[Oh, that is Miss Wang.]

3

Wáng mìshū, wǒ zuò nǎr?
王　　秘书，我　坐　哪儿？
[Where should I sit, Miss Wang?]

Lǐ jīnglǐ nín zuò
李 经理　您　坐 18B。
[Let me see. You should sit in 18B.]

Nǐ zuò nǎr?
你　坐　哪儿？
[And where is your seat?]

Wǒ zuò zài nín de hòumiàn,
我　坐　在　您　的　后面　，19B。
[I am sitting in 19B, just behind you.]

Shānkǒu xiānsheng zuò nǎr?
山口　　先生　坐　哪儿？
[Where is Mr Yamaguchi?]

Shānkǒu xiānsheng zuò zài nín de zuǒbian.
山口　　先生　坐　在　您的　左边　。
[Mr Yamaguchi sits just on your left.]

> 洗手间 | [n.] toilet; washroom; bathroom

4

Lǐ mìshū, duìbuqǐ, qǐngwèn xǐshǒujiān zài nǎr?
李 秘书，对不起，请问　洗手间　在 哪儿？
[Excuse me, Miss Li, where is the bathroom?]

Wǎng qián zǒu.
往　前　走。
[Straight ahead.]

> 往 | [prep.] toward; to　走 | [v.] walk

Zài diàntī nàr ma?
在 电梯 那儿 吗？
[Is it near the elevator?]

Shì, zài diàntī de yòubian.
是，在 电梯 的　右边　。
[Yes, it is to the right of the elevator.]

Xièxie nǐ, Lǐ mìshū.
谢谢 你，李 秘书。
[Thank you very much, Miss Li.]

Bú kèqi.
不 客气。
[You are welcome.]

5

Lǐ mìshū, Wáng jīnglǐ de bàngōngshì zài nǎr?
李 秘书， 王 经理的 办公室 在 哪儿？
[Excuse me, Miss Li, Where is Mr. Wang's office?]

Tā de bàngōngshì zài wǔlíngyī
他的 办公室 在 五零一。
[His office is in room 501.]

Wǔlíngyī zài nǎr?
五零一 在 哪儿？
[And where is 501?]

Nín wǎng qián zǒu.
您 往 前 走。
[Go straight ahead.]

Xǐshǒujiān zài nǎr?
洗手间 在 哪儿？
[And where is the bathroom?]

Zài diàntī zuǒbian.
在 电梯 左边 。
[It is on the left side of the elevator.]

Hǎo de, xièxie!
好 的， 谢谢 ！
[OK, thank you!]

Bú kèqi!
不 客气 ！
[You are welcome!]

Passage / 短文 (50%)

Jīntiān wǒ dì-yī tiān shàngbān, Lǐ mìshū gěi wǒ
今天 我 第一 天 上班 , 李 秘书 给 我
jièshàole yíxià. Wáng jīnglǐ de bàngōngshì zài liù céng,
介绍了 一下。 王 经理 的 办公室 在 六 层,
kěyǐ zuò èr hào diàntī, diàntī de zuǒbian shì xǐshǒujiān,
可以 坐 二 号 电梯, 电梯 的 左边 是 洗手间 ,
wǎng qiánzǒu shì jīnglǐ de bànggōngshì, jīnglǐ de
往 前走 是 经理 的 办公室 , 经理 的
bàngōngshì yòubian shì mìshū de bàngōngshì.
办公室 右边 是 秘书 的 办公 室。

[num.]
第一 | the first

Today is my first day at work, and Miss Li show me around the company. The manager's office is on the 6th floor which we can reach using the number two elevator. On the left of the elevator is the bathroom. If you want to look for the manager's office, just go straight. To the manager's office's right is the secretary's office.

Words and phrases / 词语 (75%)

zuǒbian 左边 / [n.] left; the left side	yòubian 右边 / [n.] right; the right side
qiánmiàn 前面 / [n.] in front of; at the head; ahead	hòumiàn 后面 / [n.] behind; at the back; in the rear
xǐshǒujiān 洗手间 / [n.] toilet; washroom; bathroom	wǎng 往 / [prep.] toward; to
zǒu 走 / [v.] walk	dì-yī 第一 / [num.] the first

Exercises / 练习 (100%)

1/ Substitution drills.

a /

Qǐngwèn xǐshǒujiān zàinǎr?
请问 洗手间 在哪儿?

| huìyìshì 会议室 | bàngōngshì 办公室 |

Wǎng qián zǒu
往 前 走。

| yòu 右 | zuǒ 左 |

b /

Nǐ zuò zài nǎr?
你 坐 在 哪儿?

Wǒ zuò zài nǐ de qiánmiàn.
我 坐 在 你 的 前面 。

| zuǒbian 左边 |
| hòumiàn 后面 | yòubian 右边 |

2/ Complete the dialogues, using the following words and phrases you have learned.

Miss Mary wants to know where the office and the bathroom are. She asks Miss Li.

| ... zài ... 在…… | ... zài nǎr? 在 哪儿? |

Wáng mìshū, nǐ hǎo
王 秘书,你 好,…   ?

…   。

wǔlíngyī
五零一 ... ?

... 。

... ?

Zài diàntī
在 电梯 ... ?

Hǎo de, xièxie!
好 的，谢谢！

... ！

3/ Talk about the picture.

...

4/ Think and talk about who is sitting around you, please use the words and phrases you have learned.

...

17

zài   zhuōzi shang
在 桌子 上
[On the table]

Dialogues / 对话

1
Lǐ mìshū,   míngtiān kāihuì de wénjiàn zài nǎr?
李 秘书， 明天 开会 的 文件 在 哪儿？
[Where are the documents for tomorrow's meeting, Miss Wang?]

> [n.]
> 文件 | document

Zài nín de zhuōzi shang,   jīnglǐ.
在 您 的 桌子 上 ， 经理。
[Those are on your office table.]

> [n.]   [n.]
> 桌子 | desk; table   上 | above; on; up

Hǎo de,   xièxie!
好 的，谢谢！
[OK, thank you!]

2
Lǐ mìshū,   Shānkǒu xiānsheng de míngpiàn zài nǎr?
李 秘书， 山口 先生 的 名片 在 哪儿？
[Where is Mr Yamaguchi's business card, Miss Li?]

Zài nín de zhuōzi shang,
在 您 的 桌子 上 。
[It is on your office table.]

Hǎo,   wǒ zhīdào le.   Nǐ qù dǎyìn yíxià zhège wénjiàn.
好 ， 我 知道 了。你 去 打印 一下 这个 文件 。
[Good, I see. Please go to print this document.]

> [v.]
> 打印 | print

Hǎo de.
好 的。
[OK.]

3
Wǒ de hùzhào zài nǎr?
我 的 护照 在 哪儿？
[Where is my passport?]

Zài zhuōzi shang ma?
在 桌子 上 吗？
[Is it on the table?]

Bú zài.
不 在 。
[No.]

Zài wénjiàn shàngbian ma?
在 文件 上边 吗 ?
[Is it under the document?]

Zhǎodào le, zài wénjiàn xiàbian.
找到 了, 在 文件 下边 。
[I found it. It is under the document.]

> [n.]
> 上边 | above; on; up

> [n.]
> 下边 | below; under; down

4

Nǐ hǎo, Lǐ mìshū, wǒ jiào Wáng Tiān.
你 好 ,李 秘书 ,我 叫 王 天 。
[Hello, Miss Li, I am WangTian.]

Wáng Tiān, nǐ hǎo, huānyíng nǐ lái wǒmen gōngsī shàngbān!
王 天 ,你 好 , 欢迎 你 来 我们 公司 上班 !
[Hello, Wang Tian, welcome to our company!]

Qǐngwèn wǒ de zhuōzi zài nǎr?
请问 我 的 桌子 在 哪儿?
[Excuse me, where is the printer?]

Zài nàr.
在 那儿。
[Just over there.]

Xièxie.
谢谢 。
[Thank you.]

Bú kèqi.
不 客气。
[You are welcome!]

5

Jīnglǐ, zhè shì jīntiān de liǎng gè wénjiàn.
经理 , 这 是 今天 的 两 个 文件 。
[Mr Wang, these are the two documents today.]

Shénme wénjiàn?
什么 文件 ?
[What documents?]

Shàngmiàn zhège shì Shānkǒu xiānsheng
上面　　这个 是 山口　 先生

sònglái de, xiàmiàn zhège shì yínháng de.
送来　的，下面　这个 是 银行　的。
[The one on the top was sent by Mr Yamaguchi, and the one below is from the bank.]

> [n.]
> 上面 | above; on; up

> [n.]
> 下面 | below; under; down

Hǎo de, zhīdào le. Nǐ qù dǎyìn yíxia zhège wénjiàn.
好 的，知道 了。你 去 打印 一下 这个　文件 。
[OK, I see.Please print this document.]

Hǎo de.
好　的。
[OK.]

Wǒ de hùzhào zài nǎr? Wǒ xià zhōu chūchāi.
我 的 护照 在 哪儿？我 下　周　 出差 。
[Where is my passport?Next week I have a business trip.]

> [n.]
> 下 | below; under; down; next

Zài nín de zhuōzi shang.
在 您 的 桌子　上 。
[It is on your office table.]

Zhīdào le, xièxie!
知道　了，谢谢！
[Oh, I see it. Thank you!]

Passage / 短文 　50%

　　Zhè shì Wáng jīnglǐ de bàngōngzhuō,
　　这 是 王　 经理 的　 办公桌 ，
zhuōzi shang yǒu diànnǎo, kāfēi hé wénjiàn.
桌子　上 有 电脑 、咖啡 和　文件 。
kāfēi zài diànnǎo de yòubian; diànnǎo de
咖啡 在 电脑 的 右边 ； 电脑 的
qiánmiàn shì wénjiàn.
前面　 是 文件 。

> [n.] 　　　　　　[n.]
> 电脑 | computer 咖啡 | coffee

This is Mr Wang office table. There is a computer, coffee and
some documents on the table. To the right of the computer is
the coffee. The computer is in front of the documents.

Words and phrases / 词语 75%

wénjiàn
文件 / [n.] document

zhuōzi
桌子 / [n.] desk; table

shàng
上 / [n.] above; on; up

dǎyìn
打印 / [v.] print

shàngbian
上边 / [n.] above; on; up

xiàbian
下边 / [n.] below; under; down

shàngmiàn
上面 / [n.] above; on; up

xiàmiàn
下面 / [n.] below; under; down

xià
下 / [n.] below; under; down; next

kāfēi
咖啡 / [n.] coffee

diànnǎo
电脑 / [n.] computer

Exercises / 练习 100%

1/ Substitution drills.

Lǐ mìshū, wénjiàn zài nǎr?
李 秘书, 文件 在 哪儿?

Wénjiàn zài nín de zhuōzi shang.
文件 在 您 的 桌子 上 。

hùzhào   kāfēi
护照   咖啡

2/ Complete the following dialogues, using the following words and sentence patterns you have learned.

zài... shang
在……上
zài... xià
在……下

Mr Wang's mobile phone was left in the office. He calls Miss Li to help him.

Lǐ mìshū, wǒ de shǒujī zài bàngōngshì ma?
李 秘书，我 的 手机 在 办公室 吗？

Wǒ lái kàn yíxià
我 来 看 一下。

… ?

Bú zài.
不 在。

… ?

Yě bú zài.
也 不 在。

… ?

Zài, zài nín de zhuōzi xià.
在，在 您 的 桌子 下。

Zhīdào le, xièxie!
知道 了，谢谢！

3/ Describe the following picture. Please use the words and phrases you have learned.

...

_____

_____

_____

_____

4/ Think and talk about your office desk. Please use the words and phrases you have learned.

...

_____

_____

_____

18

zài cāntīng
在 餐厅

[In the dining room]

Dialogues / 对话

1

Xiānsheng, huānyíng lái wǒmen cāntīng!
先生 , 欢迎 来 我们 餐厅 !
[Welcome to our restaurant!]

Nín lái diǎnr shénme?
您 来 点儿 什么 ?
[What would you like?]

Lái bēi kāfēi ba. Duōshao qián?
来 杯 咖啡 吧。 多少 钱 ?
[Please bring me some coffee. How much is it?]

Sānshí yuán
三十 元 。
[30 yuan.]

Hǎo de, gěi nín qián.
好 的, 给 您 钱 。
[OK. Here is the money.]

2

Wèi nín hǎo, shì cāntīng ma?
喂 , 您 好 , 是 餐厅 吗 ?
[Hello! Is this the restaurant ?]

Shì de, xiānsheng.
是 的, 先生 。
[Yes, sir. What would you like?]

Qǐng gěi wǒmen sòng diǎnr píjiǔ.
请 给 我们 送 点儿 啤酒。
[Please send us some beers.]

Nín zài nǎge fángjiān?
您 在 哪个 房间 ?
[Which room are you in?]

[v.]
来 | used to indicate some action

[n.]
餐厅 | restaurant

[mw.]
杯 | a cup of (coffee, tea, etc.)

[n.]
啤酒 | beer

Wǒ zài sìlíngbā fángjiān.
我 在 四零八 房间 。
[Room 408.]

Hǎo de.
好 的 。
[OK!]

3

Lǐ xiǎojiě, zhège cài hǎochī ma?
李 小姐 , 这个 菜 好吃 吗 ？
[Miss Li, is this dish delicious?]

[n.]		[adj.]
菜	dish	好吃	delicious

Hǎochī, nàge cài yě hěn hǎochī.
好吃 , 那个 菜 也 很 好吃 。
[It's delicious.That dish tastes good,too.]

wǒmen lái diǎnr píjiǔ ba.
我们 来 点儿 啤酒 吧 。
[Let's have some beers.]

Hǎo! Gānbēi!
好 ！ 干杯 ！
[OK! Cheers!]

	[v.]
干杯	cheers

Gānbēi!
干杯 ！
[Cheers!]

4

Fúwùyuán, duōshao qián?
服务员 , 多少 钱 ？
[Waiter. How much for these?]

	[n.]
服务员	attendant; waiter; waitress

Kāfēi sìshí yuán, chá sānshíbā yuán.
咖啡 四十 元 , 茶 三十八 元 。
[Coffee costs 40 yuan. Tea costs 38 yuan.]

	[n.]
茶	tea

Wǒ shuā xìnyòngkǎ, zhè shì wǒ de xìnyòngkǎ.
我 刷 信用卡 , 这 是 我 的 信用卡 。
[I will use my credit card. This is my credit card.]

	[v.]
刷	swipe (card)

	[n.]
信用卡	credit card

Xièxie, huānyíng zài lái!
谢谢 , 欢迎 再 来 ！
[Thanks. Welcome back anytime!]

Zàijiàn!
再见 ！
[Bye!]

5

Wǔ diǎn bàn le! Xiàbān le!
五 点 半 了， 下班 了！
[It's 5:30 now. It's time to get off work.]

Jīntiān gōngzuò zhēn máng!
今天 工作 真 忙 ！
[Today's work has been very busy!]

Wǒmen qù hē yì bēi ba
我们 去 喝 一 杯 吧？
[Let's go for a drink?]

[v.]
喝 | drink

Qù nǎr hē?
去 哪儿 喝？
[Where shall we go?]

Qiánmiàn nàge cāntīng de píjiǔ hěn hǎo hē.
前面 那个 餐厅 的 啤酒 很 好 喝。
[The beer in that American restaurant in front of us is very good!]

Hǎo, wǒmen qù hē diǎnr.
好 ， 我们 去 喝 点儿。
[OK! Let's have some beers there.]

Tài hǎo le!
太 好 了！
[Great!]

Passage / 短文 50%

Wǒ hé Wáng mìshū qù gōngsī cāntīng chīfàn. Wǒmen diǎn
我 和 王 秘书 去 公司 餐厅 吃饭 。我们 点
le sì gè cài. Wǒ hēle diǎnr kāfēi, Wáng mìshū hēle diǎnr
了 四 个 菜。我 喝了 点儿 咖啡， 王 秘书 喝了 点儿
píjiǔ. Lǐ jīnglǐ yě zài cāntīng, tā hēle diǎnr chá. Cāntīng de
啤酒。李 经理 也 在 餐厅， 他 喝了 点儿 茶 。 餐厅 的
fúwùyuán hěn hǎo, cài hěn hǎochī, kāfēi yě hěn hǎo hē.
服务员 很 好，菜 很 好吃， 咖啡 也 很 好 喝。

[v.]
点 | order

I went to our company restaurant to have dinner with Secretary Wang. We ordered
four dishes. I drank some coffee while Secretary Wang had some drinks. Mr Li also
there. He had some tea. The waiter in the restaurant was very good. The dishes were
very delicious. The coffee tasted good, too.

Words and phrases / 词语 (75%)

lái 来 / [v.] *used to indicate some action*	cāntīng 餐厅 / [n.] restaurant
bēi 杯 / [mw.] a cup of (coffee, tea, etc.)	píjiǔ 啤酒 / [n.] beer
cài 菜 / [n.] dish	hǎochī 好吃 / [adj.] delicious
gānbēi 干杯 / [v.] cheers	fúwùyuán 服务员 / [n.] attendant; waiter; waitress
chá 茶 / [n.] tea	shuā 刷 / [v.] swipe (card)
xìnyòngkǎ 信用卡 / [n.] credit card	hē 喝 / [v.] drink
diǎn 点 / [v.] order	

Exercises / 练习 (100%)

1/ Substitution drills.

Fúwùyuán: Xiānsheng, nín lái diǎnr shénme?
a / 服务员 : 先生 ，您 来 点儿 什么 ？

Lǐxiānsheng: Lái diǎnr kāfēi.
李先生 : 来 点儿 咖啡 。

| shuǐ
水 | píjiǔ
啤酒 | chá
茶 |

Wǒmen diǎnle sān gè cài

b / 我们 点了 三 个 菜。

2/ Complete the following dialogues, using the words and sentence patterns you have learned.

lái diǎnr…… 来 点儿……	gānbēi! 干杯 ！	duōshao qián 多少　钱

a / Mr Li and Miss Wang have dinner together. They want to order some drinks.

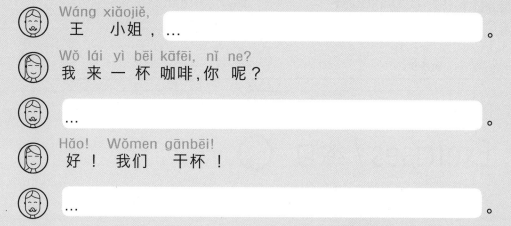

Wáng xiǎojiě,
王　小姐，…
。

Wǒ lái yì bēi kāfēi, nǐ ne?
我 来 一 杯 咖啡,你 呢？

…
。

Hǎo!　Wǒmen gānbēi!
好 ！ 我们　干杯 ！

…
。

b / Mr Wang wants to have some coffee and use a credit card to pay the bill.

Xiānsheng, nín hǎo,
先生 ，您 好，...   ？

...   。

...   ？

Sānshí kuài.
三十 块 。

...   ？

...   。

Kěyǐ, Nín kěyǐ shuā xìnyòngkǎ.
可以， 您 可以 刷 信用卡 。

3/ Tell the waiter what people want to drink. Please use the words and phrases you have learned.

| Lǐ jīnglǐ | Mǎlì | Wáng Tiān |
| 李 经理 | 玛丽 | 王 天 |

Lǐ jīnglǐ
李 经理：...   。

Mǎlì
玛丽：...   。

Wáng Tiān
王 天 ：...   。

zài chāoshì

在超市

[In the supermarket]

Dialogues / 对话 25%

1 🙂
Xīngqītiān chāoshì de shuǐguǒ hěn piányi,
星期天　超市 的 水果 很 便宜，
[The fruit in the supermarket on Sunday are very cheap.]

Wǒmen qù mǎi diǎnr ba.
我们　去买 点儿 吧。
[Let's go and buy some?]

> [n.]
> 超市 | supermarket

> [n.]　　　　[adj.]
> 水果 | fruit　便宜 | cheap; inexpensive;

😀
Hǎo a!　jǐ diǎn qù?
好 啊！几 点 去？
[OK! When ?]

> [v.]
> 买 | buy

🙂
Wǒmen xiàwǔ liù diǎn zài chāoshì jiàn?
我们　下午 六 点 在 超市　见？
[Let's meet in the supermarket at 6:00pm.]

😀
Hǎo de,　méi wèntí!
好 的，没 问题！
[OK! No problem!]

> [n.]
> 问题 | question; problem

2 😀
Nín hǎo!　Qǐngwèn shuǐguǒ zài nǎr?
您 好！请问 水果 在 哪儿？
[Excuse me. Where is the fruit?]

🙂
Shuǐguǒ zài chāoshì de èr céng.
水果 在 超市 的 二 层 。
Nín zuò diàntī qù ba.
您 坐 电梯 去 吧。
[The fruit is on the second floor. You can take the elevator.]

😀
Diàntī zài nǎr?
电梯 在 哪儿？
[Where is the elevator?]

Diàntī zài nàr.
电梯 在 那儿。
[The elevator is there.]

Hǎo de, xièxie nín!
好 的，谢谢 您！
[OK! Thanks!]

3

Qǐngwèn, kāfēi zài nǎr?
请问 ，咖啡 在 哪儿？
[Excuse me, where is the coffee in this supermarket?]

Wǎng qián zǒu, zài shuǐguǒ de zuǒbian.
往 前 走，在 水果 的 左边 。
[Straight ahead. Coffee is to the left of the fruit.]

Shuǐ ne?
水 呢？
[How about water?]

[n.]
水 | water

Yě zài nàr.
也 在 那儿。
[It's also there.]

Hǎo de, xièxie!
好 的，谢谢 ！
[OK! Thanks!]

4

Jīntiān chāoshì de rén zhēn duō!
今天 超市 的 人 真 多！
[There are so many people in the supermarket today!]

Wǎnshang chāoshì de rén duō, shàngwǔ rén shǎo
晚上 超市 的 人 多， 上午 人 少 。
[There are many people in the evening, but few in the morning.]

Nǐ kàn, qiánmiàn nà wèi shì Wáng xiǎojiě.
你 看， 前面 那 位 是 王 小姐 。
[Look, That's Miss Wang in front of us.]

Wáng xiǎojiě? wǒ bú rènshi.
王 小姐 ？我 不 认识 。
[Miss Wang? I don't know her.]

Tā zài wǒmen gōngsī gōngzuò, wǒ lái jièshào yíxià.
她 在 我们 公司 工作 ，我 来 介绍 一下。
[She works in my company. I'll introduce her to you.]

5

Zhōngguó de chāoshì xīngqīliù xiūxi ma?
中国 的 超市 星期六 休息 吗？
[Does the supermarket close on Saturday?]

Bù xiūxi, xīngqīliù chāoshì de rén hěn duō!
不 休息，星期六 超市 的 人 很 多！
[No. There are many people in the supermarket on Saturday.]

Wǒmen qù chāoshì mǎi diǎnr Zhōngguóchá ba.
我们 去 超市 买 点儿 中国茶 吧。
[I want to buy some Chinese tea in the supermarket.]

Xíng, Zhōngguóchá hěn hǎo hē.
行 , 中国茶 很 好 喝。
[Chinese tea tastes good!]

Wǒmen wǎnshang qù chāoshì, zěnmeyàng?
我们 晚上 去 超市 , 怎么样 ？
[How about going to the supermarket in the evening?]

Méi wèntí!
没 问题！
[No problem!]

> [pron.]
> 怎么样 | How about it? What do you think?
> (*inquiring for comments and suggestions as an independent sentence*)

Passage / 短文 (50%)

Jīntiān shàngwǔ wǒ qù chāoshì le, chāoshì rén bù
今天 上午 我 去 超市 了，超市 人 不
duō. Wǒ mǎile kāfēi, píjiǔ, shuǐguǒ hé cài. Kāfēi hé
多。我 买了 咖啡、啤酒， 水果 和 菜。咖啡 和
píjiǔ hěn piányi, shuǐguǒ hé cài hěn guì.
啤酒 很 便宜， 水果 和 菜 很 贵。

> [n.]
> 菜 | vegetable

I went to the supermarket in the morning. There were not so many people there. I bought some coffee, beer , fruit and vegetable. Coffee and beer are very cheap, but fruit and vegetable are very expensive.

Words and phrases / 词语 75%

chāoshì
超市 / [n.] supermarket

shuǐguǒ
水果 / [n.] fruit

piányi
便宜 / [adj.] cheap; inexpensive

mǎi
买 / [v.] buy

wèntí
问题 / [n.] question; problem

shuǐ
水 / [n.] water

shǎo
少 / [adj.] not much/many

zěnmeyàng
怎么样 / [pron.] How about it? What do you think? (*inquiring for comments and suggestions as an independent sentence*)

Exercises / 练习 100%

1/ Substitution drills.

Wǒmen qù chāoshì mǎi shuǐguǒ, zěnmeyàng?
a / 我们 去 超市 买 水果 , 怎么样 ？

cāntīng
餐厅

hē kāfēi
喝 咖啡

bàngōngshì
办公室

kāihuì
开会

Jīntiān de shuǐguǒ hěn piányi.
b / 今天 的 水果 很 便宜。

kāfēi
咖啡

guì
贵

píjiǔ
啤酒

bú guì
不 贵

2/ Complete the following dialogues, using the following words and sentence patterns you have learned.

zěnmeyàng 怎么样	méi wèntí 没 问题

a / Miss Li would like to buy some fruit and coffee. She wants to ask Miss Wang to go with her at night.

Chāoshì de shuǐguǒ zěnmeyàng?
超市 的 水果 怎么样 ？

... 。

Kāfēi ne?
咖啡 呢？

... 。

... ？

... 。

b / Mr Wang wants to buy some Chinese tea in a supermarket. He asks Miss Li for help.

... ？

... 。

Hǎo de,　xièxie.
好 的， 谢谢。

…　　　　　　　　　　　　　　　　　　　　　　　　 。

3/ Talk about what you would like to buy according to the shopping list, please using the words and sentence patterns you have learned.

Shopping list	
Coffee	40.00
Beer	25.00
Chinese Tea	80.00
Fruit	28.00
Water	8.00

…

4/ Talk about your recent experience in the supermarket. What did you buy? Was it cheap or expensive? Please use the words and sentence patterns you have learned.

…

dìng piào

订 票

[Booking a ticket]

Dialogues / 对话

1

Wáng mìshū qǐng nǐ lái yíxià wǒ de bàngōngshì.
王 秘书，请 你 来 一下 我 的 办公室 。
[Mr Wang, please come to my office.]

Hǎo de.
好 的。
[OK.]

Xià zhōu wǒ qù Běijīng chūchāi, nǐ dìng yíxià bīnguǎn.
下 周 我 去 北京 出差，你 订 一下 宾馆 。
[Next week I will go to Beijing on business. Please book the hotel.]

订 | book; reserve [v.]

Hǎo de.
好 的。
[OK.]

2

Wáng mìshū, qǐng nǐ lái yíxià wǒ de bàngōngshì.
王 秘书， 请 你 来 一下 我 的 办公室 。
[Mr Wang, please come to my office.]

Hǎo de.
好 的。
[OK.]

Xià zhōu wǒ qù Běijīng chūchāi, nǐ dìng yíxià fēijīpiào.
下 周 我 去 北京 出差 ，你 订 一下 飞机票。
[Next week I will go to Beijing on business. Please book the plane ticket.]

票 | ticket [n.]

Shàngwǔ shí diǎn de fēijī, kěyǐ ma?
上午 十 点 的 飞机，可以 吗？
[There is a plane that leaves at 10 o'clock. Is that OK?]

Kěyǐ.
可以。
[OK.]

3

Míngtiān wǎnshang, wǒ qǐng Shānkǒu xiānsheng
明天 晚上，我 请 山口 先生
chīfàn nǐ dìng yíxià cāntīng.
吃饭，你 订 一下 餐厅 。
[I will treat Mr Yamaguchi to dinner tomorrow night. Please book a restaurant.]

> [v.]
> 请 | treat; entertain

Hǎo de, Lǐ jīnglǐ Chī Zhōngguócài ma?
好 的，李 经理。吃 中国 菜 吗？
[OK, Mr Li. Can we book a Chinese restaurant?]

Shānkǒu xiānsheng shì Rìběnrén, chī Rìběncài ba.
山口 先生 是 日本人，吃 日本菜 吧。
[Mr Yamaguchi is Japanese, so please book a Japanese restaurant.]

Hǎo de. Liǎng gè rén ma?
好 的。两 个 人 吗？
[OK, table for two?]

Sì gè rén, Wáng jīnglǐ hé Mǎlì xiǎojiě yě qù.
四 个 人， 王 经理和 玛丽 小姐 也 去。
[Four. Mr Wang and Miss Mary will go, too.]

Hǎo de, wǒ zhīdào le.
好 的，我 知道 了。
[OK, I get it.]

4

Wèi nín hǎo, Shì Jīngběi Bīnguǎn ma?
喂，您 好，是 京北 宾馆 吗？
[Hello, is that the Jingbei Hotel?]

Shì de, nín hǎo!
是 的，您 好！
[Yes. Hello!]

Wǒ dìng yí gè fángjiān, shíyīyuè èrshísān hào dào èrshíliù hào.
我 订 一 个 房间， 十一月 二十三 号 到 二十六 号。
[I want to book a room from the 23rd of Nov to the 26th.]

Nín guìxìng?
您 贵姓？
[What's your surname?]

Wǒ xìng Zhāng, diànhuà hàomǎ shì
我 姓 张， 电话 号码 是 13797237688.
[My surname is Zhang, my telephone number is 13797237688.]

Hǎo de,　dìnghǎo le.
好　的，订好了。
[OK. The booking is finished.]

Xièxie!　Zàijiàn!
谢谢！再见！
[Thanks! Bye-bye!]

5

Nín hǎo!
您　好！
[Hello!]

Nín hǎo!　Wǒ dìng yì zhāng èrshísì　hào qù Běijīng de fēijīpiào.
您　好！我 订 一　张　二十四　号 去　北京　的　飞机票。
[Hello, I want to book a plane ticket to Beijing on the 24th.]

Shàngwǔ shí diǎn,　kěyǐ ma?
上午　　十　点，可以　吗？
[10 am, is that OK?]

Kěyǐ.
可以。
[OK.]

Nín guìxìng?
您　贵姓？
[May I have your surname?]

Wǒ jiào Lǐ Zàitiān,　wǒ shì Hánguórén,
我　叫 李 在天，我 是　韩国人　，
wǒ de hùzhào hàomǎ shì
我 的 护照　号码　是 M20502782
[My name is Li Zaitian, I'm South Korean. My passport number is M20502782]

Hǎo de,　dìnghǎo le.
好　的，订好　了。
[OK. Your booking is finished.]

Xièxie!　zàijiàn!
谢谢！再见！
[Thanks! Bye-bye!]

Passage / 短文 (50%)

Lǐ jīnglǐ, fēijīpiào wǒ dìnghǎo le, shíyīyuè èrshísān
李 经理，飞机票 我 订好 了，十一月 二十三

hào shàngwǔ shí diǎn. Bīnguǎn wǒdìng de shì Jīngběi Bīnguǎn
号 上午 十 点。宾馆 我 订 的 是 京北 宾馆，

èrshísān hào dào èrshíliù hào. Jīntiān wǎnshang nín qǐng Shānkǒu
二十三 号 到 二十六 号。今天 晚上 您 请 山口

xiānsheng chīfàn de cāntīng yě dìnghǎo le, liù diǎn zài Rìběn
先生 吃饭 的 餐厅 也 订好 了，六 点 在 日本

cāntīng.
餐厅 。

Mr Li, I have booked the plane ticket. The time is 10:00 am, 23rd Nov. The hotel I booked is the Jingbei Hotel from the 23rd to the 26th. The restaurant you will treat Mr Wang at tonight has been booked. It's the Japanese Restaurant at 6:00 pm.

Words and phrases / 词语 (75%)

dìng
订 / [v.] book; reserve

piào
票 / [n.] ticket

qǐng
请 / [v.] treat; entertain

Exercises / 练习 ⭕100%

1/ Substitution drills.

a / Qǐng lái yíxià bàngōngshì.
请 来 一下 办公室 。

| gōngsī 公司 | jīchǎng 机场 |
| yínháng 银行 | cāntīng 餐厅 |

b / Dìng yíxià jīpiào.
订 一下 机票 。

| cāntīng 餐厅 |
| bīnguǎn 宾馆 |

2/ Complete the following dialogues, using the following words and sentence patterns you have learned.

| dìng yíxià 订 一下 | qǐng lái yíxià 请 来 一下 |

...。

Hǎo de.
好 的。

Wáng jīnglǐ míngtiān qù Běijīng chūchāi,
王 经理 明天 去 北京 出差, ...。

Hǎo de,
好 的, ...。

Kěyǐ, tā zài Běijīng zhù liǎng tiān,
可以, 他 在 北京 住 两 天, ...。

Wǒ zhīdào le.
我 知道 了。

3/ Answer the following questions.

a / Mr Li calls Miss Wang to go his office at 2:30 pm. What should he say?

...

。

b / Mr Li is going to Beijing on business on the 21st of Dec. Please tell Miss Wang to book an airplane ticket for him.

...

。

附录
Appendices

《BCT标准教程》

测 试

（一级）

注意 /

一 / 《BCT标准教程》测试（一级）分两部分：

1. 听力（20题，约15分钟）

2. 阅读（20题，17分钟）

二 / 全部考试约40分钟。

孔子学院总部 / 国家汉办
Confucius Institute Headquarters (Hanban)

中国 北京 ｜ 孔子学院总部/国家汉办 编制

听 力

第一部分（第1-5题）

例如：		✓
		✕
1/		
2/		
3/		
4/		
5/		

第二部分 (第6-10题)

例如：			
	A	B	C
6/	 A	 B	 C
7/	 A	 B	 C
8/	 A	 B	 C
9/	 A	 B	 C
10/	 A	 B	 C

第三部分 (第11-15题)

A /

B /

C /

D /

E /

F /

Nín de diànhuà hàomǎ shì duōshao?
例如 / 女：您的 电话 号码 是 多少 ？

Wǒde diànhuà shì
男：我的 电话 是 67349802。　　　　　　 D

11/

12/

13/

14/

15/

第四部分 (第16-20题)

例如 /
Wáng mìshū shì Zhōngguórén,
王 秘书 是 中国人 ，

Lǐ jīnglǐ shì Hánguórén.
李 经理 是 韩国人 。

问 /
Lǐ jīnglǐ shì nǎ guó rén?
李 经理 是 哪 国 人 ？

Zhōngguórén	Měiguórén	Hánguórén
A 中国人	B 美国人	C 韩国人 ✓

16/	jīchǎng A 机场	bīnguǎn B 宾馆	chāoshì C 超市
17/	shàngbian A 上边	zuǒbian B 左边	yòubian C 右边
18/	xīngqīyī A 星期一	xīngqīsān B 星期三	xīngqīwǔ C 星期五
19/	A 507	B 705	C 707
20/	jīntiān xiàwǔ A 今天 下午	míngtiān shàngwǔ B 明天 上午	míngtiān xiàwǔ C 明天 下午

阅 读

例如：		shǒujī 手机	✕
		fēijī 飞机	✓
21/		shàngbān 上班	
22/		xìnyòngkǎ 信用卡	
23/		cāntīng 餐厅	
24/		xǐshǒujiān 洗手间	
25/		wǎng yòu zǒu 往右走	

第二部分 (第26-30题)

A /

B /

C /

D /

E /

F /

Jīntiān zhēn lěng!
例如/ 今天 真 冷 ！   C

Gānbēi！
26/ 干杯 ！

Wáng mìshū xiūxi le.
27/ 王 秘书 休息 了。

Qù wǒmen gōngsī qǐng wǎng qián zǒu.
28/ 去 我们 公司 请 往 前 走。

Lǐ xiānsheng, qǐng zuò.
29/ 李 先生 , 请 坐 。

Gěi nín kuài qián.
30/ 给 您 100 块 钱 。

第三部分（第31-35题）

diǎn de fēijī,　kěyǐ ma?
例如 /　11 点 的 飞机，可以 吗？　　　　　　F

Nín de shǒujī hàomǎ shì duōshao?
31/　您 的 手机 号码 是 多少 ？

Wǒ wǎnshang　diǎn xiàbān.
32/　我 晚上 8 点 下班 。

Nà wèi shì shéi?
33/　那 位 是 谁 ？

Lǐ xiǎojiě de wénjiàn ne?
34/　李 小姐 的 文件 呢 ？

yuè　hào zěnmeyàng?
35/　4月15 号 怎么样 ？

Nǐ zhēn máng!
A /　你 真 忙 ！

Zài zhuōzi shang.
B /　在 桌子 上 。

Bù xíng,　wǒ bú zài.
C /　不 行 ，我 不 在 。

D /　18329485507。

Wáng nǚshì.
E /　王 女士 。

Hǎo de,　xièxie!
F /　好 的 ，谢谢 ！

第四部分 (第36-40题)

A / gōngsī 公司　　　B / chūchāi 出差　　　C / guì 贵

D / huānyíng 欢迎　　　E / dǎyìn 打印　　　F / duìbuqǐ 对不起

例如 / Nín 您 (C) xìng? 姓 ?

36/ Wáng xiānsheng zài zhège gōngzuò.
王 先生 在 这个 ( ) 工作 。

37/ Lǐ xiǎojiě bú zài, tā le.
李 小姐 不 在, 她 ( ) 了 。

38/ Zhè shì Lǐ jīnglǐ de wénjiàn, nǐ qù yíxià.
这 是 李 经理 的 文件 , 你 去 ( ) 一下 。

39/ nǐmen lái wǒmen gōngsī.
男: ( ) 你们 来 我们 公司 。
Xièxie.
女: 谢谢 。

40/ wǒ láiwǎn le.
女: ( ) , 我 来 晚 了 。
Méi guānxi.
男: 没 关系 。

《BCT标准教程》测 试（一级）

听力材料

（音乐，30 秒，渐弱）

大家好！欢迎参加《BCT 标准教程》测试（一级）。

大家好！欢迎参加《BCT 标准教程》测试（一级）。

大家好！欢迎参加《BCT 标准教程》测试（一级）。

《BCT 标准教程》测试（一级）听力考试分四部分，共 20 题。

**请大家注意，
听力考试现在开始。**

第一部分
[一共5个题，每题听两次。]

例如 / 女士

　　　　电梯

现在开始第1题 /

1. 水果
2. 银行
3. 九点
4. 开会
5. 再见

第二部分
[一共5个题，每题听两次。]

例如 / 李小姐在医院工作。

现在开始第6题 /

6. 这是我的护照。
7. 我下午五点下班。
8. 这个真好吃！
9. 喂，李经理在吗？
10. 李女士，您好！

第三部分
[一共5个题，每题听两次。]

例如 /

A：您的电话号码是多少？

B：我的电话是六七三四九八零二。

现在开始第11题 /

11. 女：先生，您的房间是三零八。

　　　男：好的，谢谢！

12. 男：请问洗手间在哪儿？

　　　女：往前走，电梯的右边。

13. 女：两位先生，你们来点儿什么？

　　　男：来两杯咖啡吧。

14. 女：您去哪儿？

　　　男：请送我去机场。

15. 男：李小姐，欢迎您来我们公司！

　　　女：谢谢您，王先生，很高兴认识您！

第四部分

[一共5个题，每题听两次。]

例如 /

王秘书是中国人，李经理是韩国人。

问：李经理是哪国人？

现在开始第16题 /

16. 这是我的名片，我在机场工作。

    问：他在哪儿工作？

17. 文件在电脑的左边。

    问：文件在电脑的哪边？

18. 李先生星期三去北京开会，星期五回公司。

    问：李先生星期几回公司？

19. 王经理的办公室在七层七零五，您可以坐电梯去。

    问：王经理的办公室在哪儿？

20. 我明天下午在公司，欢迎您来。

    问：他什么时候在公司？

听力考试现在结束。

《BCT标准教程》测 试（一级）

参考答案

一 / 听力

第一部分

1. ×	2. ×	3. ✓	4. ✓	5. ✓

第二部分

6. A	7. B	8. A	9. C	10. C

第三部分

11. C	12. F	13. A	14. B	15. E

第四部分

16. A	17. B	18. C	19. B	20. C

二 / 阅读

第一部分

21. ×	22. ✓	23. ×	24. ✓	25. ×

第二部分

26. A	27. F	28. D	29. E	30. B

第三部分

31. D	32. A	33. E	34. B	35. C

第四部分

36. A	37. B	38. E	39. D	40. F

词语表 / Vocabulary

词	拼音	词性	英文	课数
啊	a	int.	*used after a sentence to indicate the mood*	15
八	bā	num.	eight	8
八月	bāyuè	n.	August	10
吧	ba	int.	*used at the end of a sentence to imply soliciting advice, making a suggestion or request, or giving a mild command*	7
百	bǎi	num.	hundred	14
办公室	bàngōngshì	n.	office	11
半	bàn	num.	half	8
杯	bēi	mw.	a cup of (coffee, tea, etc.)	18
宾馆	bīnguǎn	n.	hotel	11
不	bù	adv.	not; no	4
菜	cài	n.	dish	18
餐厅	cāntīng	n.	restaurant	18
层	céng	mw.	floor; layer	15
茶	chá	n.	tea	18
超市	chāoshì	n.	supermarket	19

词	拼音	词性	英文	课数
吃饭	chīfàn	v.	have breakfast/lunch/dinner	10
出差	chūchāi	v.	be on a business trip	7
出租车	chūzūchē	n.	taxi	14
打	dǎ	v.	make (a call)	13
打印	dǎyìn	v.	print	17
到	dào	v.	arrive; reach	14
的	de	part.	of (*marker of attributive*)	3
第一	dì-yī	num.	the first	16
点	diǎn	n.	o'clock	8
点	diǎn	v.	order	18
电话	diànhuà	n.	phone	13
电脑	diànnǎo	n.	computer	17
电梯	diàntī	n.	elevator; lift	15
订	dìng	v.	book; reserve	20
对不起	duìbuqǐ	v.	I'm sorry.	6
多少	duōshao	pron.	how many; how much	13

词	拼音	词性	英文	课数
二	èr	num.	two	7
二月	èryuè	n.	February	10
房间	fángjiān	n.	room	11
飞机	fēijī	n.	plane	8
服务员	fúwùyuán	n.	attendant; waiter; waitress	18
干杯	gānbēi	v.	cheers	18
高兴	gāoxìng	adj.	happy; glad; cheerful; pleased	2
个	gè	mw.	*used with nouns without specific measure words*	5
给	gěi	prep.	for	13
		v.	hand over; give	
工作	gōngzuò	v.	work	3
公司	gōngsī	n.	company; firm	2
贵	guì	adj.	*used to show respect when asking some personal questions, such as about name or age*	3
贵	guì	adj.	expensive; costly	14
国家	guójiā	n.	country	5

词	拼音	词性	英文	课数
韩国	Hánguó	n.	South Korea	5
汉语	Hànyǔ	n.	Chinese language	5
好	hǎo	a.	good; nice; well; fine	1
好吃	hǎochī	adj.	delicious	18
好久	hǎojiǔ	adj.	long time	4
号	hào	n.	date	10
号码	hàomǎ	n.	number	13
喝	hē	v.	drink	18
和	hé	prep.	with	10
		conj.	and	
很	hěn	adv.	very	2
后面	hòumiàn	n.	behind; at the back; in the rear	16
护照	hùzhào	n.	passport	11
欢迎	huānyíng	v.	welcome	2
回	huí	v.	go back	7
会议	huìyì	n.	meeting	7
机场	jīchǎng	n.	airport	14
几	jǐ	pron.	how many	7

词	拼音	词性	英文	课数
见	jiàn	verb.	see	4
见面	jiànmiàn	v.	meet	12
叫	jiào	v.	be called; be named *(used when giving one's name)*	3
介绍	jièshào	v.	introduce	3
今天	jīntiān	n.	today	7
进	jìn	v.	enter	2
经理	jīnglǐ	n.	manager	3
九	jiǔ	num.	nine	8
九月	jiǔyuè	n.	September	10
咖啡	kāfēi	n.	coffee	17
开会	kāihuì	v.	have a meeting	8
看	kàn	v.	look; watch	10
可以	kěyǐ	aux.	can; may	7
客气	kèqi	adj.	polite; courteous	11
块	kuài	mw.	kuai, RMB yuan	14
来	lái	v.	come	2
来	lái	v.	*used to indicate some action*	18

词	拼音	词性	英文	课数
了	le	part.	used after a verb to indicate that the action is in the past and has been completed; used at the end of a sentence to indicate changing in status	6
冷	lěng	adj.	cold	7
两	liǎng	num.	two	8
辆	liàng	mw.	used for automobiles	14
零	líng	num.	zero	11
六	liù	num.	six	8
六月	liùyuè	n.	June	10
吗	ma	int.	used after a sentence to indicate the interrogative mood	4
买	mǎi	v.	buy	19
忙	máng	adj.	busy	4
没关系	méi guānxi		That's all right.	6
没有	méiyǒu	v.	not have	13
美国	Měiguó	n.	the United States	5
们	men	suffix.	used to form a plural number when add to a personal pronoun or a noun	1
秘书	mìshū	n.	secretary	5
名片	míngpiàn	n.	business card	3

词	拼音	词性	英文	课数
明天	míngtiān	n.	tomorrow	4
哪	nǎ	pron.	which (*used in front of a measure word*)	5
哪儿	nǎr	pron.	where (*used to ask place*)	4
那	nà	pron.	that	3
那儿	nàr	pron.	there	7
呢	ne	int.	*used after a sentence to indicate the interrogative mood*	4
你	nǐ	pron.	you	1
年	nián	n.	year	12
您	nín	pron.	*a polite expression of* 你	1
女士	nǚshì	n.	Ms; madam; lady	1
朋友	péngyou	n.	friend	1
啤酒	píjiǔ	n.	beer	18
便宜	piányi	adj.	cheap; inexpensive	19
票	piào	n.	ticket	20
七	qī	num.	seven	8
七月	qīyuè	n.	July	10
起床	qǐchuáng	v.	rise (from bed); get up	9

词	拼音	词性	英文	课数
前面	qiánmiàn	n.	in front of; at the head; ahead	16
钱	qián	n.	money	14
请	qǐng	v.	please	2
请	qǐng	v.	treat; entertain	18
请问	qǐngwèn	v.	Excuse me	6
去	qù	v.	go; leave	4
热	rè	adj.	hot; high in temperature	7
人	rén	n.	people	5
认识	rènshi	v.	get to know; get acquainted with	2
日	rì	n.	day; date	12
日本	Rìběn	n.	Japan	5
三	sān	num.	three	7
三月	sānyuè	n.	March	10
上	shàng	n.	above; on; up	17
上班	shàngbān	v.	start work; go to work	9
上面	shàngmiàn	n.	above; on; up	17
上午	shàngwǔ	n.	morning	8

词	拼音	词性	英文	课数
少	shǎo	adj.	not much/many	19
什么	shénme	pron.	what	12
十	shí	num.	ten	8
十二月	shí'èryuè	n.	December	10
十一月	shíyīyuè	n.	November	10
十月	shíyuè	n.	October	10
时候	shíhou	n.	moment; time; period	12
是	shì	v.	am; is; are	3
是	shì	v.	Yes	6
手机	shǒujī	n.	mobile phone	13
刷	shuā	v.	swipe (card)	18
谁	shéi	pron.	who(m)	5
水	shuǐ	n.	water	19
水果	shuǐguǒ	n.	fruit	19
睡觉	shuìjiào	v.	sleep; go to bed	9
四	sì	num.	four	7
四月	sìyuè	n.	April	10

词	拼音	词性	英文	课数
送	sòng	v.	take; send	14
他	tā	pron.	he; him	5
她	tā	pron.	she; her	5
太	tài	adv.	too; extremely	7
天气	tiānqì	n.	weather	7
晚	wǎn	adj.	late	6
晚上	wǎnshang	n.	evening	1
往	wǎng	prep.	toward; to	16
位	wèi	mw.	*used for people*	3
喂	wèi	int.	*used to start a dialogue over the phone*	6
文件	wénjiàn	n.	document	17
问题	wèntí	n.	question; problem	19
我	wǒ	pron.	I; me	3
我们	wǒmen	pron.	we; us	2
五	wǔ	num.	five	7
五月	wǔyuè	n.	May	10

词	拼音	词性	英文	课数
洗手间	xǐshǒujiān	n.	toilet; washroom; bathroom	16
下	xià	n.	below; under; down; next	17
下班	xiàbān	v.	finish work; get off work	9
下边	xiàbian	n.	below; under; down	17
下面	xiàmiàn	n.	below; under; down	17
下午	xiàwǔ	n.	afternoon	1
先生	xiānsheng	n.	Mr; sir; men (*polite form*)	1
现在	xiànzài	n.	now; nowadays; today; at present	7
小姐	xiǎojiě	n.	Miss	1
谢谢	xièxie	v.	thank	2
信用卡	xìnyòngkǎ	n.	credit card	18
星期	xīngqī	n.	week	7
星期天	xīngqītiān	n.	Sunday	8
星期五	xīngqīwǔ	n.	Friday	7
星期一	xīngqīyī	n.	Monday	7
行	xíng	v.	OK; all right; no problem	12

词	拼音	词性	英文	课数
姓	xìng	n.	surname	3
		v.	take...as surname	
休息	xiūxi	v.	have a rest; go to bed	9
学习	xuéxí	v.	study; learn	5
也	yě	adv.	also; too; as well; either	3
一	yī	num.	one	7
(一)点儿	(yì)diǎnr	nm.	a bit; a little	9
一下	yíxià	nm.	once; in a short while	3
一月	yīyuè	n.	January	10
医院	yīyuàn	n.	hospital	14
银行	yínháng	n.	bank	3
有	yǒu	v.	have	12
右边	yòubian	n.	right; the right side	16
元	yuán	mw.	yuan, *unit of RMB*	14
月	yuè	n.	month	10
再见	zàijiàn	v.	goodbye; bye; see you	4
在	zài	prep.	at; in	3
		v.	be	

词	拼音	词性	英文	课数
在	zài	v.	exist; lie; be at; be on	6
早	zǎo	adj.	early	9
早上	zǎoshang	n.	morning	1
怎么样	zěnmeyàng	pron.	How about it? What do you think? (*inquiring for comments and suggestions as an independent sentence*)	19
张	zhāng	mw.	*used for paper, bed, table,face, etc.*	14
找	zhǎo	v.	give change	14
		v.	seek; look for	
这	zhè	pron.	this	3
这儿	zhèr	pron.	here	3
真	zhēn	adv.	indeed; really	5
知道	zhīdào	v.	know; be aware of	6
中国	Zhōngguó	n.	China	5
中午	zhōngwǔ	n.	noon; midday; noonday	10
周	zhōu	n.	week	7
周二	zhōu'èr	n.	Tuesday	7

词	拼音	词性	英文	课数
周六	zhōuliù	n.	Saturday	8
周日	zhōurì	n.	Sunday	8
周三	zhōusān	n.	Wednesday	7
周四	zhōusì	n.	Thursday	7
住	zhù	v.	live; stay; dwell	11
桌子	zhuōzi	n.	desk; table	17
走	zǒu	v.	walk	16
左边	zuǒbian	n.	left; the left side	16
坐	zuò	v.	sit	2

普通话声韵拼合表
Table of Combinations of Initials and Finals in *Putonghua*

Finals / Initials	-i(ïɿ)	a	o	e	er	ai	ei	ao	ou	an	en	ang	eng	ong	i	ia	ie	iao
b		ba	bo			bai	bei	bao		ban	ben	bang	beng		bi		bie	biao
p		pa	po			pai	pei	pao	pou	pan	pen	pang	peng		pi		pie	piao
m		ma	mo	me		mai	mei	mao	mou	man	men	mang	meng		mi		mie	miao
f		fa	fo				fei		fou	fan	fen	fang	feng					
d		da		de		dai	dei	dao	dou	dan	den	dang	deng	dong	di	dia	die	diao
t		ta		te		tai		tao	tou	tan		tang	teng	tong	ti		tie	tiao
n		na		ne		nai	nei	nao	nou	nan	nen	nang	neng	nong	ni		nie	niao
l		la		le		lai	lei	lao	lou	lan		lang	leng	long	li	lia	lie	liao
g		ga		ge		gai	gei	gao	gou	gan	gen	gang	geng	gong				
k		ka		ke		kai	kei	kao	kou	kan	ken	kang	keng	kong				
h		ha		he		hai	hei	hao	hou	han	hen	hang	heng	hong				
j															ji	jia	jie	jiao
q															qi	qia	qie	qiao
x															xi	xia	xie	xiao
zh	zhi	zha		zhe		zhai	zhei	zhao	zhou	zhan	zhen	zhang	zheng	zhong				
ch	chi	cha		che		chai		chao	chou	chan	chen	chang	cheng	chong				
sh	shi	sha		she		shai	shei	shao	shou	shan	shen	shang	sheng					
r	ri			re				rao	rou	ran	ren	rang	reng	rong				
z	zi	za		ze		zai	zei	zao	zou	zan	zen	zang	zeng	zong				
c	ci	ca		ce		cai		cao	cou	can	cen	cang	ceng	cong				
s	si	sa		se		sai		sao	sou	san	sen	sang	seng	song				
		a	o	e	er	ai	ei	ao	ou	an	en	ang	eng		yi	ya	ye	yao

iou	ian	in	iang	ing	iong	u	ua	uo	uai	uei	uan	uen	uang	ueng	ü	üe	üan	ün
	bian	bin		bing		bu												
	pian	pin		ping		pu												
miu	mian	min		ming		mu												
						fu												
diu	dian			ding		du		duo		dui	duan	dun						
	tian			ting		tu		tuo		tui	tuan	tun						
niu	nian	nin	niang	ning		nu		nuo			nuan				nü	nue		
liu	lian	lin	liang	ling		lu		luo			luan	lun			lü	lüe		
						gu	gua	guo	guai	gui	guan	gun	guang					
						ku	kua	kuo	kuai	kui	kuan	kun	kuang					
						hu	hua	huo	huai	hui	huan	hun	huang					
jiu	jian	jin	jiang	jing	jiong										ju		juan	jun
qiu	qian	qin	qiang	qing	qiong										qu		quan	qun
xiu	xian	xin	xiang	xing	xiong										xu		xuan	xun
						zhu	zhua	zhuo	zhuai	zhui	zhuan	zhun	zhuang					
						chu	chua	chuo	chuai	chui	chuan	chun	chuang					
						shu	shua	shuo	shuai	shui	shuan	shun	shuang					
						ru	rua	ruo		rui	ruan	run						
						zu		zuo		zui	zuan	zun						
						cu		cuo		cui	cuan	cun						
						su		suo		sui	suan	sun						
you	yan	yin	yang	ying	yong	wu	wa	wo	wai	wei	wan	wen	wang	weng	yu	yue	yuan	yun